KB271023

박삼종의 교회 생각

박삼종의

교회 생각

박삼종 지음

홍성사

이 책을 사랑하고 존경하는 아내 이승은에게 바칩니다.

평화의마을교회는 개척한 지 몇 년 안 된 가정교회입니다. 저희 교회가 있는 지역은 재개발지역이고, 대전 지역에서 초등학교 학생이 줄어드는 지역입니다. 바로 근처에 판암 지구가 있는데, 판암 지구는 대전 동구에서 독거 노인들을 비롯해 가난한 사람들이 많이 사는 지역이기도 합니다. 이곳에 오기 전에 함께 공동체를 하고자 했던 분들이 계셨습니다. 그러나 여러 가지 이유로 그분들은 함께하지 못하게 되었습니다. 대가를 치러야 하는 상황이 되니 머뭇거렸습니다. 어떤 사역자분은 기독교인은 부자 동네에 있다면서 그리 가서 개척하라고 충고해 주시기도 했습니다. 또 어떤 분은 좀더 큰 교회에 가서 부사역자로, 안정된 삶을 살라고 권고하기도 했습니다.

그러나 우리는 교회를 개척하기 전, 몇 가지 기본 원칙을 갖고 있었습니다. 전에 있던 교회에서 누구도 데려오지 않는다는 것과, 가난한 지역으로 가서 그 지역 아이들을 위해 방과 후 학교, 무료공부방과 작은 마을 도서관을 여는 것이었습니다. 우리는 기도 가운데 교회를 개척하는 것이 옳다고 확신했고, 대전의 여러 지역을 돌아보던 중 이 아파트를 보는 순간 바로 여기라는 생각이 들었습니다. 저희 아파트는 언제 재개발될지 모르는 시한부 아파트였지만, 바로 옆에 아이들 놀이터가 있고, 예배드릴 공간,

그래도 10여 명은 앉을 수 있는 거실이 있었습니다.

교회를 시작하기는 해야 하는데, 오랫동안 치매를 앓으신 장모님을 모시느라, 또 신학 공부를 하느라 돈이 없었습니다. 심지어 아파트 월세 보증금도 없었습니다. 그런데 함께 교제해 온 분이 선뜻 우리의 사역을 이해하시고 도움을 주셨습니다. 돈 많고 가진 것 많은 분들이 돕는 것이 아니라 가난하지만 마음이 통하고 뜻이 통해서 선뜻 도와주시는 분들이 계셨습니다. 큰 교회, 높은 고지를 바라볼 때는 한국 교회의 현실이 암담하고 어두웠지만 재건축 지역에 들어와 가난한 사역자로 살다 보니 이미 그곳에서 이름도 빛도 없이 10년, 20년, 30년 묵묵히 사역을 해왔던 분들에게서 연락이 오고 연결이 되었습니다. 한국 교회의 희망은 저 높은 고지가 아니라 우리의 발밑 그 낮은 자리에서 찬란히 꽃피고 있었습니다. 대형 교회, 큰 교회, 높은 고지가 아니라 주님이 찾아가셨던 낮은 자리, 작은 자들에게 눈을 두니 희망은 이미 우리의 발밑에서 자라고 있었습니다. 지금도 평화의마을교회와 연대해 주시는 몇몇 분들이 계십니다. 이렇게 해서 우리의 사역이 출발했습니다.

교회를 개척한 첫 주, 저도 모르게 주보를 신나게 만들고 있었습니다. 비록 가정교회지만 번듯한 주보는 있어야 하지 않을까? 부사역자로 사역하던 습관대로 했던 것이지요. 한참을 만들고 있는데 아내가 보더니 무엇을 만드냐고 물었습니다. 주보를 만든다고 하니까 그러더군요. '누가 본다고 주보를 만드나요?' '주보를 만들면 번듯한 교회가 되나요?' '주보가 없으면 교회가 아닌가요?' '둥그렇게 마주앉아 서로 얼굴을 대하는 공동체는 주보가 따로 필요 없답니다.' 저는 아내의 말에 무너졌습니다. 시작할 때 들었던 주님의 음성처럼 세상이 보기에 작고 보잘것없는 우리 같은 두세 사람 중에 함께하시겠다는 말씀을 믿고 예배드리고, 지역에서 이웃으로 살면 그만이지 주보 만든다고 교회가 되는 것은 아니었습니다. 주보 만들기를 당장 그만두었습니다. 그 후 아내와 함께 기도하며, 문패나 교회임을 알리는 표시를 만들지 않기로 했습니다. 제가 조금이라도 흔들린다 치면 아내는 어찌 알았는지 분명하게 정신 차리도록 일침을 가합니다. 제가 아내 복은 크게 받았습니다.

저희 평화의마을교회는 그야말로 작은 가정교회입니다. 누군가의 지원을 받아 건물을 빌리고 사람을 채우고 빚을 갚다 더 큰 곳, 더 좋은 곳으로 옮기는 것이 현재 교회 성장의 공식처럼 되어 있습니다. 그렇게 하면 성장하는 것이고, 사람들을 채우면 좋은 교회가 되는 것일까요? 건물을 빌리지 않고 빚지지 않으며 가정을 개방하고 삶의 공간을 함께하는 교회

는 불가능한 것일까요? 빚지거나 빌리는 비용으로 필요한 이웃들을 더 돕는 것이 낫지 않을까요? 이런 고민들로 평화의마을교회를 시작했습니다. 한국 교회의 형편은 심각합니다. 4조 5천억 원의 대출, 5퍼센트의 이율만 따져도 성도들의 피땀인 2250억 원이 1년에 이자로 은행에 고스란히 들어갑니다. 그 돈으로 가난한 자, 아픈 자, 갇힌 자들을 돕는다면 과연 세상은 교회를 어떻게 볼까요?

우리 부부가 따르는 원칙은 조지 뮬러와 비슷한 부분이 많습니다. 먼저, 조지 뮬러는 빚을 지지 않았습니다. 우리도 빚을 지지 않는 것이 원칙입니다. 그래서 신용카드를 사용하지 않기로 했습니다. 신용카드를 사용하다 보면, 빚을 지는 것은 물론이고, 하나님보다 카드를 더 의지하게 됩니다. 없으면 없는 대로 살기로 했습니다. 오직 하나님만 의지하려고 합니다. 게다가 소비 욕망이 절제됩니다. 교회를 시작할 때 신용카드를 전부 잘라 버렸습니다. 또한 조지 뮬러는 처음 사역을 시작했을 때, 사례비를 받지 않았습니다. 사례비 때문에 순수한 복음 전파에 영향을 받을까 봐 고심 끝에 내린 결정이라고 했습니다. 대신 목사를 돕고 싶은 사람은 개인적으로 후원할 수 있도록 조그만 상자를 마련했다고 합니다. 우리도 사례비를 받지 않기로 했습니다. 지금은 물론 교회가 작고, 사례비가 될 정도의 수입도 없지만, 장차 하나님께서 성도들을 더해 주실지라도 우린 이 방법을 따를 생각입니다. 셋째로, 잘 알려져 있듯 조지 뮬러는 사람들에게 필요를 놓고 도움을 청하지 않았습니다. 오직 기도와 믿음으로 많은 이들을 도왔습니다. 우리도 이 원칙을 따르기로 했습니다. 앞으로의 비전에 대해서, 우리가 기도하는 바에 대해서 조지 뮬러와 같이 살아 보려 합니다. 너 나 할 것 없이 맘몬을 섬기는 한국 교회의 상황에서 맘몬을 철저히 배격하는 것, 그것이 대안적인 삶이 아닐까요? 우리는 그렇게 고민하고 있습니다.

그리스도인이라면 누구나 그렇겠지만, 지금의 한국 교회를 보면서 과연 무엇이 교회에 필요할지 고민하지 않을 수 없었습니다. 그 부분에 대해서 대안을 꿈꾸고, 그러다 보니까 복음의 본질을 찾아가고 고민한 내용들을 조금이나마 같은 고민을 하는 분들과 나누고자 이 책을 쓰게 됐습니다.

제가 고민하는 한국 교회의 문제들, 하나님 앞에 진정으로 신앙과 믿음이 삶으로 인격으로 연결되는, 정말 하나님 말씀 외에 다른 것들을 우상 숭배하지 않는, 하나님 말씀 앞에 선 단독자의 신앙, 그리고 그러한 단독자로 선 친구들이 함께 모여서 더 이상 노예가 아니라, 지배하는 주인이 아니라, 다 같이 주님 앞에 왕 같은 제사장으로, 하나님 앞에 놀라운 주권자로, 그 주권자의 형상을 공동체로 회복한 벗이요 친구들의 공동체, 그리고 하나님 앞에 단독자로 자유로워져서 벗과 동무로 만나며, 서로 가진 것을 나누고, 서로의 존재가 서로에게 선물이 되는 선물의 경제 신학을 이야기하고 싶습니다.

1부에서는 한국 사회와 한국 교회의 현실과 문제점을 살펴보았습니다. 우리 사회는 우리가 생각하는 것보다 큰 중병을 앓는 심각한 상태입니다. 한국 교회는 하나님께 빚진 삶이 아니라 세상의 성공 방정식을 따르면서 4조 5천억 원을 세상에 빚진 채 세상의 방식에 물들어 복음의 힘을 상실해 가고 있습니다.

2부에서는 한국 사회와 교회 문제의 근본적인 뿌리를 고민했습니다. 한국 교회의 문제는 사실 한국 사회의 문제와 다르지 않습니다. 한국 교회의 회복에 대한 대안이 궁핍한 것은 한국 사회의 모순에 대한 대안이 부족해서입니다. 한국 근현대사를 살피면서 한국 사회와 한국 교회의 근본 문제의 뿌리로 '신사참배 체제'를 발견했습니다. 역사적이고 사회적으로 형성된 신사참배 체제의 구조의 질곡이 우리 교회의 본질을 왜곡시키고 있습니다. 이 잘못된 뿌리에 대한 역사적이고 사회적인 깊이의 회개와 회심이 필요합니다.

　문제와 원인을 살펴보았다면 마지막으로 대안을 제시해 봅니다. 이제 우리는 어떻게 살아야 하는가? 한국 교회의 회복은 말씀을 바로 읽는 데서 시작하고 끝납니다. 먼저 말씀을 심하게 오독하는 성경 읽기 습관부터 고쳐야 한다고 생각했습니다. 말씀을 있는 그대로 경청하고 듣는 훈련이 한국 교회에 거의 부재합니다. 가위질한 설교나 인간적인 권위를 갖는 가르침은 세상의 성공주의 맘몬 질서에 물든 지 오래입니다. 말씀의 능력을 직접 만날 수 있도록 성도 한 사람 한 사람을 세워야 합니다. 그렇다면 어떻게 말씀 앞에 단독자로 세워질 수 있는지, 하나님 앞에 단독자로 설 때 신앙을 어떻게 이해하게 되는지를 적었습니다. 하나님 앞에 단독자로 선 벗-동무들의 신학, 친구들의 공동체가 한국 교회에 던지는 의미들을 살펴볼 것입니다. 높은 사회적 생존비용이 개인에게 모두 전가되는 지옥 같은 무한 경쟁 세상에서 어느 것에도 노예가 되지 않는, 자립적인 생산 기반을 갖는 자율적인 주권자인 벗-동무들의 선물의 공동체를 대안으로 제시했습니다.

　저는 남한 사람도 북한 사람도 아닌 하나님 나라의 한 사람입니다. 저와 평화의마을교회는 하나님 나라 사람들로서 이 땅에 평화를 만들어 가는 사람으로 살고 싶습니다.

　무엇보다도 이 글을 쓰도록 대전 변두리를 찾아와 독려하고 격려한 홍성사 식구들에게 고마운 마음을 전합니다. 또한 지금도 평화의마을을 후원해 주시고, 기도해 주시는 분들께 진심으로 감사드립니다. 이분들이 아니었다면 설익은 모습으로나마 이 책은 세상에 나오지 못했을 것입니다. 항상 염려해 주시고 함께해 주시는 부모님과 가족들, 동료들은 언제나 든든한 언덕입니다. 마침 다니던 출판사를 그만두고 이 책의 마무리 편집 작업을 위해 수고해 준 아내에게 진심으로 고마운 마음을 전합니다.

박삼종

1부

깨어진 **세상,**
깨어진 **교회**

내 어머니 교회는 창녀가 되었다.
그러나 나는 교회를 사랑한다.
교회는 내 어머니이기 때문이다.
마르틴 루터

깨어진 세상

922조

2012년 8월 말, 가계 빚이 사상 최대치를 기록했습니다. 한국은행이 2012년 12월 23일 발표한 2분기 가계신용(잠정)에 따르면, 6월 말 현재 가계신용(가계 빚) 잔액은 922조 원으로 전 분기보다 10조 9000억 원 증가했습니다. 이 중 가계대출이 868조 4000억 원으로 가장 큰 비중을 차지했고, 아직 정산하지 않은 카드대금과 외상 등을 포함한 판매신용이 53조 5000억 원으로 집계됐습니다.

'조兆'는 상상을 초월한 액수입니다. 그런데 가계 빚이 1조가 아니라 1,000조랍니다. 4대강 사업에 들어간 22조를 다 쓰려면 예수님이 태어나시고 나서 지금까지 하루에 3천만 원씩 써야 합니다. 그만큼 큰 액수입니다. 우리나라 1년 국민총생산, 즉 GDP가 1,200조가 약간 넘습니다. 거의 우리나라 1년 국민총생산량만큼 빚이 있습니다. 국가 빚이 아니고 가계 빚만입니다. 경제 주체에는 정부, 지방정부, 기업도 있고 가계도 있는데, 가계 빚만 1,000조입니다. 우리는 지금 빚더미 속에 살고 있습니다. 가구당 평균 빚이 5천만 원입니다. 적은 액수가 아닙니다. 2011년 말 현재 월평균 소득이 340만 2,599원, 연소득은 4083만 원인데 연 소득보다 빚이 더 많은 것이 가계의 현실입니다.

가난과 1,000조의 가계 부채는 평등하지 못한 분배 구조의 문제이지 단순히 개인의 도덕적 해이 때문은 아닙니다. 비정규직 노동자, 가난한 자, 병든 자 중 소득이 줄고 빚에 몰려 파산면책을 받는 이들을 도덕적 해이라며 특히 노동자들이 나서서 비난해서는 안 됩니다. 우리 사회에서 사문화된 파산면책을 먼저 들고 나온 것은 엄격한 판사들이었습니다. IMF 때 160조의 공적자금, 그 외 위기 때 대기업에 투입되는 세금으로 만들어진 대기업의 공적자금이야말로 도덕적 해이입니다. 2008년 미국의 서브프라임 모기지 파동의 상당 부분도 파산면책을 통해 해결했습니다. 자본주의 시스템은 필연적으로 부채의 파산면책 탕감 시스템을 통해 기업과 가계의 부실을 해결하지 못하면 커다란 위기에 봉착하게 됩니다.

고물가, 소득정체

서울 아파트 전세 가격이 1년 사이에 14.5퍼센트 올랐습니다. 빚은 이렇게 많은데 집값은 오릅니다. 땅값도 오릅니다. 14.5퍼센트. 지금 서울 집값이 10억, 20억이 넘어갑니다. 1억, 2억이 아닙니다. 최근 집값이 조금 떨어지기 시작했지만 여전히 집 없는 사람은 평생 서울로 진입할 수 없습니다.

물가상승률도 2011년 현재 4퍼센트 정도입니다. 물가상승률이 이렇게 높으면 실질임금은 사실상 마이너스입니다. 임금에는 명목임금이 있고, 실질임금이 있습니다. 명목임금이 많아져도 임금상승률이 4퍼센트 이하면, 실질 임금은 줄어든 것입니다. 2011년 현재 실질임금상승률이 마이너스 3.5퍼센트입니다. 그렇다면 작년보다 일하는 사람들이 더 가난해진 겁니다. 가면 갈수록 이런 상황이 심화됩니다. 돈을 가진 사람은 좋습니다. 자산을 가진 사람은 좋습니다.

이러한 고물가와 소득정체 여파로 마이너스통장 대출, 신용대출, 예·적금담보대출 등 생활비를 마련하기 위한 '생계형 가계대출'만 250조입니다. 지금 가계는 한계상황에 왔습니다.

빚과 함께 늘어나는 이자

빚이 늘어나고 금리가 뛰면서 이자 부담도 커졌습니다. 2011년 현재 가계가 부담한 이자액은 56조 원. 살기 위해 250조 빌렸는데, 또 56조 강탈당하는 겁니다. 은행에서 대출받을 때, 꺾기라는 것이 있습니다. 이율이 20퍼센트인데, 1억 빌려주면서 천만 원은 강제로 예금에 들게 하고 9천만 원 주는 겁니다. 바로 꺾어 버리는 겁니다. 9천만 원 빌리고, 1억 갚아야 합니다.

또 연 5.35퍼센트였던 은행 주택담보대출 금리는 2012년 9월 말 5.86퍼센트까지 뛰었습니다. 0.01퍼센트만 올려도 액수가 커서, 몇백 조 단위니까 엄청나게 올라가는 것입니다. 은행은 가만히 앉아서 돈을 법니다. 저축은행 금리는 연 16.7퍼센트로 올랐다고 합니다. 무시무시합니다. 아무것도 아닌 것 같아도, 계산하기 편하게 20퍼센트라고 쳤을 때, 복리로 계산하면, 5년이면 원금보다 많아집니다. 엄청나게 높은 금리입니다. 우리가 살고 있는 대한민국이 어느덧 이렇게 됐습니다.

한국은행·통계청·금융감독원이 전국 1만 가구를 조사한 결과 74.2퍼센트가 원리금 상환에 큰 부담을 느끼고 있다고 답했습니다. 평균 빚 5천만 원에 20퍼센트라면 천만 원을 갚아야 합니다. 가계 소득이 빚보다 많으면 빚을 갚을 수 있는 가능성이 있습니다. 그러나 그것도 현실적이진 않은데, 왜냐하면 소비해야 하기 때문입니다. 그것으로 다 빚을 갚는다 해도 못 갚는 상황이 생깁니다. 그리고 적자 가정이 많아집니다. 그 적자 가정은 아무리 열심히 살아도, 빚에서 결코 헤어나올 수 없는 구조입니다.

더 큰 문제는 가계부채의 질이 나빠지고 있다는 점입니다. 은행들이 가계대출을 꺼리자 신용도가 낮은 서민들은 고금리 부담을 감수하면서 제2금융권을 찾을 수밖에 없습니다. 제2금융권 총자산은 2011년 6월 말 889조 1000억 원으로, 2008년 610조 4000억 원에 비해 45.7퍼센트 불어났습니다. 그야말로 갈 데가 없는 것입니다. 그래서 사람들이 제2금융권을 찾습니다. 제2금융권은 금리 제한이 없습니다. 제2금융권의 금리는 얼마입니까? 사실 제1금융권도 카드론이나 연체로 가면 연체 이자율이 30퍼센트입니다.

자본주의 사회의 본질은 빚에 있습니다. 빚을 지배하는 자가 세상을 지배합니다. 교회부터, 목회자부터 부채제로운동을 시작해야 다시 신앙이 삽니다. 말로만 하나님께 은혜를 빚진 삶, 자본에 빚지지 않는 삶이 아니라 성도와 목회자들부터 부채제로서약서 쓰고 교회부채, 목회자 가계 부채 청산 계획을 세워야겠습니다. 이게 한국 교회가 살 길입니다.

주택담보대출의 그림자

그다음 중요한 부분이 주택담보대출입니다. 우리나라가 경제성장을 이룬 여러 동력들이 있지만 숨겨진 사실이 뭐냐면, 토건 마피아들과 모피아에 의해 나라의 부가 늘어났다는 사실입니다. 집을 지어놓고 빚을 지게 합니다. 집을 사게 합니다. 그럼 땅값이 올라가고 자산이 올라가면 기업이 성장한 것처럼 보입니다. 태안반도 사고 당시 그 주변의 환경보호구역이 해제되었습니다. 그 땅을 삼성과 중앙일보가 갖고 있었습니다. 세상이 그렇습니다. 실제로 우리나라 기업들은 토지 장사, 땅 장사, 건물 장사를 해서 돈을 법니다. 여기서 건물을 짓고, 팔고, 개발해서 이익을 얻고, 딴 데로 옮깁니다. 이것을 개발 독재라고 합니다. 우리나라 독재는 그냥 독재가 아니라 개발 독재라고 부릅니다. 독재 세력과 토건 마피아, 모피아가 결합되어 있는 형국입니다. 이들은 서로 이익을 주고받는 악어와 악어새 같은 공생 관계입니다.

하락하는 경제성장률의 여파

앞으로 경제성장률은 계속 떨어질 것으로 예상됩니다. 경제가 어려워집니다. 그리고 고용이나 소득증대는 어려운데 가계 부채가 더 이상 감당할 수 없는 규모로 커지면, 가장 타격을 받는 것은 금융권입니다. 즉 불량채권, 부실채권이 생깁니다. 그럼 그게 다시 실물경제에 영향을 미칩니다. 또한 부실채권을 해결하려고 공적자금을 투입하면 국가재정도 악화됩니다.

세계의 상황과 우리나라

외부적 상황도 아주 안 좋습니다. 유로화가 붕괴 위기에 있습니다. 그리고 그 붕괴의 후폭풍에 우리나라도 들어가 있습니다. 더 절망스러운 얘기입니다. 그래서 깨어서 기도해야 합니다. 부채가 급격히 증가할 뿐만 아니라 그 질도 더 나빠지고 있습니다. 서브프라임 모기지론 사태로 약한 고리가 터졌습니다. 모기지라는 게 주택담보대출입니다. 거기서 터져 버렸습니다. 우리나라 부채 구조도 이와 비슷합니다.

늘어나는 빚과 방치되는 아이들

원리금 상환 부담 때문에 가계는 씀씀이를 줄입니다. 씀씀이를 줄이면 바로 자녀들에게 타격이 있습니다. 아이들 학원도 안 보냅니다. 이전에는 힘들어도 해줘야지 하던 거 이젠 못 해줍니다.

지금 가계가 한계 상황에 온 것입니다. 가정이 더 이상 유지되지 않습니다. 가정 파탄이 일어납니다. 이혼이 늘어납니다. 아이들은 편부모의 손에 키워지거나 친척 혹은 조부모의 손에, 아니면 고아원으로 보내지기도 합니다.

309

'309'는 김진숙 민주노총 부산본부 지도위원이 한진중공업 정리해고 철회를 요구하며 85호 크레인 위에서 농성한 날 수입니다.

한진중공업은 손해 본다며 몇십 년 동안 일한 직원들을 정리해고해 놓고선 10조를 들여 필리핀의 수빅으로 한진중공업 조선소를 옮겼습니다. 그러고 나서 여기 있는 사람들을 다 해고했습니다. 당시 회사가 경영이 어렵거나 손해를 보는 상황이 아니었습니다. 노동력이 싼 필리핀으로 조선소를 옮기고 지금 조선소 자리를 개발해서 이익을 얻으려는 것입니다. 이분들은 함께 살고자 하는 생각이 없는 것입니다.

김진숙 씨가 농성한 곳, 85호 크레인은 높이 30미터가 넘습니다. 그 위에 올라가서 309일 동안 먹고 자고 거기서 생활했습니다. 50세

되신 여자분이 내려오지도 않으시고 그곳에서 지냈습니다. 왜 그랬을까요? 다른 방법이 없어서입니다. 이 방법밖에는 이 사람들이 요구를 들어줄 길이 없어서 거기 올라간 겁니다. 그 크레인에서 두 사람이 목을 매서 자살을 했습니다. 너무 절망스러웠던 것입니다. 그앞에 목을 맸던 분이 고 김주익 씨입니다. 그분을 보내드리면서 김진숙 씨가 결심했다고 합니다. "올라가야겠다. 나는 죽지 않고 살아서 내려와야겠다"라고……. 아마 그 마음, 그 빚진 마음 때문에 309일 동안 견딜 수 있지 않았을까 하는 생각이 듭니다. 크레인은 뜨거운 여름에는 쇳덩이가 달궈져서 50도, 60도로 올라갑니다. 그러면화상을 입는답니다. 겨울엔 난방시설이 없고 그냥 쇳덩이인데, 그 차가움이라는 게 어느 정도인지 알 수 있을 겁니다. 그러나 그걸 견뎌내신 겁니다. 비록 이 한 사람이지만, 이 한 사람의 외침…… 비폭력저항입니다.

김진숙 씨는 태양광 배터리에 의지해 트위터로 시민들과 소통했고, BBC, CNN, 알자지라 등 외신들도 그의 농성 소식을 세계에 전했습니다. 시민들은 다섯 차례에 걸친 '희망 버스'로 그를 응원했습니다. 결국 '해고자 1년 내 재고용'이란 노사 합의가 이루어졌습니다. 그냥 합의해 주면 되지 309일 동안 목숨을 걸고, 두 사람이나 죽어나간 끔찍한 곳에, 뜨거움과 말할 수 없는 추위를 견뎌 내야만 겨우합의해 주는 그런 구조, 잘못돼 있는 겁니다. 김진숙 씨가 크레인에서 보낸 309일은 벼랑 끝에 내몰린 서민과 노동자도 힘을 모으면 승

리할 수 있음을 보여 준 시간이었습니다.

151

'151'은 한미자유무역협정, 즉 FTA 비준안에 찬성한 의원들의 숫자입니다. 2011년 11월 22일 한나라당은 FTA 비준 동의안을 날치기 처리했습니다. 국회의원 151명이 찬성표를 던졌습니다. 한미 정부가 FTA를 체결하기로 합의한 뒤 한국의 법과 제도를 바꾸고 사법주권을 훼손할 수 있다는 논란은 4년 5개월 동안이나 이어졌는데, 한나라당이 야당 의원들의 출입을 막은 채 비준을 통과시키는 데 걸린 시간은 4분에 불과했습니다.

이분들은 국민의 99퍼센트가 빚더미 속에 굴러가도 상관없는 사람들입니다. 왜냐하면 이분들이 그 1퍼센트이기 때문입니다. 자기 이익에 맞게 결정 한 것입니다. 국민들을 대표하고 대의한 것이 아니라 자기 이익에 맞추어서 한 것입니다. 민주주의의 위기죠. 민주주의 원리가 뭡니까? 대표를 뽑아서, 전문성을 갖고 우리의 뜻에 따라 결정해 주도록 하는 겁니다. 그런데 그렇게 하지 않습니다. 그러면 민주주의가 깨진 것입니다. 1987년 이후 싸워서 만들어 낸 형식적 민주주의도 다 깨져 버린 겁니다. 겉으로 보면 민주주의 같지만 실상은 깨져 버렸습니다.

이명박 정부 들어 다섯 번째 날치기였습니다. 국법을 어긴 겁니다. 협의를 해서 소위에서 심의를 하고, 상임회의에서 결정하고, 다시 법사위에서 조문을 검토한 다음 국회 본회의에 상정해서 결정해야 합니다. 그러나 이 과정이 전부 생략됐습니다. 국회법상 절차가 무시된 불법입니다. 민주주의 다수결의 원칙이 다 옳다고 생각해선 안 됩니다.

2011년 12월 9일, 판사 166명이 한미 FTA 연구 태스크포스 설치 건의문을 양승태 대법원장에게 제출했습니다. 김하늘 인천지법 부장판사가 대표로 작성한 건의문에서 판사들은 투자자-국가소송제, 즉 ISD의 문제점 등을 지적했습니다.

ISD에 대한 하나의 사례로 볼리비아 물 사태가 있습니다. 1999년 볼리비아 IMF 구제금융 시, 코차밤바 시의 상하수도 운영권을 미국계 다국적기업 벡텔 사에 넘겼습니다. 1주일 만에 수돗물 값이 400퍼센트 인상됐습니다. 코차밤바 시민들의 월 평균 소득 70달러, 수돗물 값 20달러! 시민들은 수돗물을 포기하고 빗물을 받기 위해 집집마다 빗물받이용 양동이를 설치했는데, 벡텔 사는 "빗물을 받지 못하도록 법을 만들라"며 볼리비아 정부를 압박했다고 합니다. 그러고 나서 혁명이 일어나 쫓겨 가게 되니까 콘소시엄에 참가한 이름뿐인 네덜란드 유령회사를 통해 볼리비아 정부를 제소합니다.

'엄마 찾아 3만 리'라는 이야기를 잘 아실 것입니다. 이탈리아 의사의 아내가 부패한 무솔리니 정권 탓에 가난을 못 이겨 아들을 내팽개치고, 당시 잘살던 아르헨티나에 가정부로 갑니다. 그 가정부로 간 엄마를 찾아 떠나는 이야기입니다. 그런데 그런 일이 우리나라에도 일어난다는 것입니다. 의사, 판사라고 해서 더 이상 안전지대가 아닙니다. ISD에 대해선, 홍기빈의 《투자자-국가 직접소송제》(녹색평론사, 2006)를 살펴보면 좋습니다.

110만

'110만'은 청년 실업자의 숫자입니다. 2011년 10월 말 정부가 밝힌 청년(15세 이상 29세 이하) 실업자는 32만 4천 명밖에 안 됩니다. 2003년보다 8만 명 가까이 줄었다고 보고했습니다. 열심히 일해서 실업률이 줄었답니다. 그러나 사실은 그게 아닙니다. 구직 단념자, 취업 준비자, 취업 무관심자 등 이런 사람들은 국가에서 파악하는 실업자에 포함되지 않습니다. 진짜 취업 잘됩니까? 실제로는 110만의 청년실업자가 있습니다. 청년 실업률 7.7퍼센트의 3배, 2003년 99만 명에서 2011년까지 110만 1,000명으로 11만 1,000명이 늘어난 것입니다. 실업률은 17.7퍼센트에서 22.1퍼센트로 4.4퍼센트포인트 증가했습니다. 청년 다섯 명 중 한 명이 실직자인 셈입니다.

22

쌍용차는 2009년, 2,646명의 노동자를 정리해고하면서 1년 뒤 생산량에 따라 무급휴직자와 희망퇴직자들을 차례로 복직시키겠다고 노조와 합의했으나 이 약속은 지켜지지 않고 있습니다. 쌍용차 사태로 숨진 사람들이 22명입니다. 자살한 분도 포함돼 있고, 그와 관련해서 병으로 죽은 사람도 있습니다. 사람이 죽어 가고 있습니다. 이것을 치유하기 위해서 정신과 의사 정혜진 씨가 '와락'을 열어 치유모임을 하면서 정말 많은 노력을 하고 있습니다. 해고자와 가족들을 위해 시민 5,600여 명이 성금을 냈습니다. 와락을 사회적 파업기금, 사파기금이라고 하는데, 정파기금이 아니라 사파기금입니다. 사파기금에서 지원을 해주었습니다. 이것이 선물의 경제의 예입니다. 시민들이 자발적으로 성금한 것입니다. 또한 와락이 자발적으로 꾸려 나갑니다. 그것이 결합돼서 먹고살기 힘들고 복직도 안 되는 때, 지난 추운 겨울에도 눈이 가득 쌓인 거리 앞에서 그들은 '희망 텐트촌'을 만들어 놓고 시위했습니다. 이들은 남이 아닙니다. 우리 이웃입니다. 그 사람들이 우리 아버지일 수도 있고 어머니일 수 있고, 형제들일 수도 있습니다.

900만

전체 노동자 1900만 중 비정규직 비율입니다. 그중 최저생계비 이하 비정규직이 400만입니다. 원래 노동법상의 원칙은 '동일노동 동일임금'입니다. 같은 공장 같은 라인에서 일하는데 임금이 3배 차이가 납니다. 정규직은 300만 원 이상 받는데, 비정규직은 100만 원도 못 받습니다. 그런데 더 심각한 것은, 900만 중에서 최저생계비 이하가 400만입니다. 비정규직 중에서 400만은 생활비조차 벌지 못하고 있다는 겁니다.

하루 평균 42.6명

2010년 현재 대한민국 하루 평균 자살률이 42.6명입니다. 경제
협력개발기구 국가 중 자살률 1위가 우리나라입니다. 충격적입니다.
42.6명 중 청소년 비율도 높습니다. 기사에 나오는 게 전부가 아닙니
다. 기자들은 굉장히 특이하고 심한 경우만 쓰는 겁니다. 우리 아이
들이 죽어 가고 있습니다. 10대 자살률 세계 1위, 대학생과 20대 자
살률 세계 1위. 2010년 한국에서 자살한 사람은 1만 5,566명으로
하루 평균 42.6명 꼴입니다. 10만 명당 자살자 수는 31.2명으로 경
제협력개발기구 회원국 1위입니다. 보건복지부의 '2011년 정신건강
실태조사'에 따르면 한국 성인의 15.6퍼센트는 평생 한 번 이상 심각
하게 자살을 생각하고, 3.2퍼센트는 자살을 시도하는 것으로 나타
났습니다. 여성가족부와 통계청 자료를 보더라도 2010년 청소년 사
망 원인 1위는 단연 자살(13퍼센트)입니다. 청소년 10만 명당 13명이
스스로 목숨을 끊는 셈입니다. 노인은 10만 명당 81.9명으로 일본
(17.9명), 미국(14.5명)과 비교가 안 됩니다. 적은 숫자가 아닙니다. 이
사회가 사람들을 절망스럽게 하는 것입니다. 자살은 사회적 타살이
라는 말을 기억해야 합니다. 사람들에게 더 이상 출구가 없다는 겁
니다. 빈곤과 가정 해체, 사회적 안전망 해체로 우울증이 급증하여
자살을 더욱 부추기고 있습니다.

1.01

우리나라 2010년 출산율입니다. 두 사람이 결혼해서 한 명을 낳습니다. 그렇다면 다음 세대는 반으로 줄어듭니다. 경제 규모가 반으로 줄고, 세금이 반으로 줄어듭니다. 그 줄어든 돈으로 여전히 많은 사람들의 연금과 노후를 책임져야 하는 것입니다. 사회적 폭력이 바로 거기서 생깁니다. 사람이 인격적이고 효도하고 싶어도 부부 두 사람이 양쪽으로 4명을 부양해야 합니다. 엄청난 사회구조입니다. 역 피라미드 구조입니다. 그걸 견딜 수 있을까요? 절반 이상이 비정규직이고, 그중 400만은 최저생계비 이하를 벌고, 나 혼자 살기 어려운데 어떻게 아이를 낳겠습니까? 결혼도 잘 안 합니다. 자녀 1인당 대학까지 양육비가 2억 6천만 원입니다. 세 명 기르면 얼마일까요? 거기다 요즘 80세까지 사니까 은퇴 후 20년간 노후자금이 얼마가 필요할까요? 10억. 그러면 인생설계비가 얼마 될지…… 도무지 살 수가 없습니다. 그만큼 돈 있는 사람도 별로 없고, 그 돈을 벌 수 있는 가능성도 별로 없습니다.

7.9년

삼성은 우리나라에서 노조가 없는 기업으로 유명합니다. 노조는 노동자들의 정당한 권리인데, 어떻게 해서든 노조를 막습니다. 그런데 흔히들 제일 똑똑한 사람이 가는 곳이 삼성이며, 거기 가면 성공해서 기회를 잡았다고 생각합니다. 2010년 3월 31일자 〈이투데이〉

기사를 살펴보면, 삼성의 평균 근무연수는 7.9년입니다. 신입사원으로 들어가서 결혼하고, 아이 낳아 초등학교에 보내기도 전에 잘립니다.

삼성과 같은 대기업에는 핵심이 있습니다. 옛날에는 구조조정본부 같은 곳이 그런 역할을 했는데, 삼성은 이건희 일가와 밀접한 관계에 있는 몇몇 사람에 의해 움직입니다. 그 사람들이 있는 곳이 삼성 구조본이고 비서실입니다. 우리나라 국정원 고위간부들이 퇴임해서 주로 가는 곳이 삼성의 비서실 같은 곳입니다. 그러면 우리나라 국가정보 라인이 삼성과 같은 대기업에 연결되는 겁니다. 무시무시합니다. 김정일 국방위원장이 사망했을 때, 그전 날 국정원이 아닌 삼성 관계자가 신문사에 전화해서 무슨 일 없냐고 계속 물어봤다고 합니다. 삼성이 다 알고 있었던 겁니다. 중국 현지 사람들이 저쪽이랑 손이 닿아 있을 가능성이 높습니다. 이걸 휴민트(휴먼인텔리전트), 인간 정보라고 합니다. 국정원에는 대북전략조종국이 있는데, 그것을 이명박 정부 때 대폭 축소해 버렸습니다. 이제는 북한이 어떻게 돌아가는지 알 수 없습니다. 대책이 없습니다. 고급 정보가 사람을 통해서, 휴민트를 통해서 오는데 이런 조치를 취하는 나라가 어디 있습니까?

잘못된 국민교육

우리나라 국민교육의 기본은 어디서 시작됐을까요? 일제 강점기부터입니다. 일제가 생각한 국민교육은 중학생 이하의 사고 수준으로, 숙련 노동자 수준의 판단력을 갖는 학력과 사람을 기르는 것입니다. 그 교육 기조와 틀이 지금도 변하지 않았습니다. 그걸 담당했던 교육자들이 교장과 교육감을 하면서 잘못된 관행과 가치관을 현장에 남겨 놓습니다. 그 틀, 근본적인 학교 교육 DNA가 안 바뀌었습니다. 교회 DNA만 문제 있는 것이 아니라, 학교 DNA도 문제가 있습니다.

경쟁에서 이기기 위해 공부만 강조하고 다른 것은 용서되는 곳이 학교입니다. 승자독식 무한경쟁에 찌든 '어른(교사)들'의 "반칙해서라도 무조건 이겨라"는 암묵지적 폭력에 이래저래 상처받은 아이들이 폭력성에 물드는 것은 이상한 일이 아닙니다. 아이들은 배운 대로 행동합니다. 아이들이 폭력을 쓴다고 뭐라고 할 게 아닙니다. 왜 폭력을 쓰냐면, 학교 바깥도 똑같다는 겁니다. 학교에서도 힘의 논리대로 행동하는 겁니다. 통제가 안 됩니다. 정의롭지 못한 선생님들은 이런 힘의 구조를 용인합니다. 거기에 개입했다가 힘 있는 부모한테 찍히면 괴로우니까 그 질서 그대로 돌아갑니다. 학교 폭력은 바로 그렇게 만들어지는 겁니다. 제도만 바꾼다고 바뀔까요? 교육의 가장 큰 자원인 교사들의 본질적인 의식 변화가 필요합니다.

빚 권하는 사회

대한민국은 빚 없이는 살 수 없는 '부채인생, 대출인생'들이 살아가는 '빚 권하는 사회'입니다. "열심히 일한 당신, 떠나라!" 그리고 그 손에 카드가 들려 있습니다. 카드 쓰지 마십시오. 카드는 빚입니다. 처음에는 월급 타서 쓰는 것 같지만, 나중에 다 빚이 됩니다. 월급은 통장에 스쳐 지나갑니다. 바람과 같이 스쳐 지나갑니다. 카드를 써서 그렇습니다. 굳이 쓰시려면 체크카드만 쓰십시오. 카드가 없으면 할부로 빚 내서 물건을 살 수가 없습니다. 할부가 빚이거든요. 똑같습니다. 오히려 더 많이 돈을 내야 합니다. 그런데 우리는 카드가 있으니까 질러 버립니다. 그래서 우리는 구조적으로 '지름신'에 약합니다.

빚 이전에 우리 안에 맘몬과 자본이 심어 둔 소비 욕망이 숨겨져 있습니다. 그 욕망은 본래 우리의 욕망이 아닙니다. 라깡의 책을 보면, 이것은 타자의 욕망입니다. 남들이 그것을 향유하고 좋아하는 것처럼 보이니까 우리 마음 가운데 동경이 일고, 내가 그걸 쓰면 나도 마치 공주가 될 것 같고 왕자가 될 것 같은 착각에 빠져 버립니다. 악한 정사와 권세가 하는 짓입니다. 우리의 본능 수준까지 우리의 욕망을 재구성해서 마치 자기 욕구와 자기 필요인 것처럼 여기도록 교묘하게 조작합니다. 《소비 사회를 사는 그리스도인》(IVP, 2011)에 소개된 연구보고를 보면, 하루에 800번, 심지어는 하루에 1,500번 광고가 우리한테 들립니다. 그곳에서 끊임없이 세상의 질서, 욕망, 욕구가 자극됩니다. 그렇게 하루 종일 1년 365일 반복적으로 광고를 통해 학습해야만 물건이 팔리고 유지가 됩니다. 그런데 우리가 그런 깊은 수준에서 조작된 소비주체의 욕망을 통찰하고 일격을 가하면 오히려 욕망의 구조가 생각보다 쉽게 무너져 버립니다. 욕망 때문에 가지고 싶은 것을 안 가지면 되는 겁니다. 더 나아가 필요 이상으로 더 갖고 싶은 마음이 사라집니다.

승자독식의 사회구조

우리가 태어날 때부터 죽을 때까지, 요람에서 무덤까지 거대한 틀이 우리를 압박하고 있습니다. 어떤 때는 그런 틀에 사로잡혀 있음을 깨닫지도 못합니다. 하지만 그런 구조에 사로잡혀 있습니다. 그 원인이 뭘까요? 1퍼센트만을 위한 육아, 교육, 의료 비용을 전적으로 99퍼센트가 책임지게 하는 승자독식 사회구조 탓입니다. 그럼 '자유주의 시장경제니까 개개인이 책임지는 거 아니에요?', '그렇게 배워 왔잖아요?', '더 열심히 싸워서 이겨야 되는 거잖아요?' 이렇게 질문합니다.

그러나 그렇게 살지 않아도 됩니다. 그런 삶만이 진리가 아닙니다. 그것이 진리인 것처럼 끊임없이 설득당해 왔지만, 그건 진리가 아닙니다. 복음 안에서 새롭게 된 사람은 세상의 방식대로 살지 않아도 됩니다. 새로운 피조물로 부여 받았기 때문입니다. 그걸 보고 왕의 주권자적 형상이라고 합니다. 왕의 주권자적 형상은 하나님 나라 가치대로 우리 현실의 삶을 지금 여기서 만들어 갈 수 있는 주권자 권능입니다. 하나님은 하나님의 주권자적 형상인 우리에게 세상을 섬길 권능을 허락하셨고, 또 위임하셨습니다. 그리고 위임된 주권자의 권능을 가지고 하나님 나라의 가치에 따라서 야곱처럼 참된 '루저'로 살아가라 하십니다.

국가 정책이 어떻게 되는지 볼까요? 국민들이 수입의 10분의 1을 세금으로 냅니다. 우리나라 2012년 1년 예산이 325조 5천억 원입니다. 국가가 세금으로 가져가는 액수가 1년 GDP의 거의 30퍼센트 정도입니다. 그것을 전체 국민의 1퍼센트를 위한 토건사업에 씁니다. 재벌의 산업전기요금이 우리가 쓰는 가정전기요금보다 훨씬 쌉니다. 재벌이 2011년 한 해만 국가에서 보조받은 전기요금이 5천억 원입니다. 99퍼센트가 비싼 가정전기요금을 내서 1퍼센트 재벌들을 지원해 준 겁니다. 거기에 각종 혜택들이 대기업들에게 돌아갑니다. 그런 구조가 바뀌지 않는 한, 99퍼센트 국민은 계속 가난해지는 겁니다.

그런데 투표를 해서 정권을 바꾸고, 공정한 분배 구조가 정착된다면 개인이 다 책임지지 않아도 됩니다. 사회가 책임지고, 사회복지에 더 많이 지원하면 바뀔 수 있습니다. 무상의료비 가능합니다. 4대강 예산에 후속 예산까지 합하면 50조, 60조입니다. 그 돈은 초등학교부터 대학까지 여러분이 전액 무상교육받을 수 있는 금액입니다. 돈이 없어서 못하는 거 아닙니다. 우리나라 돈 많습니다. 경제규모가 큽니다. 충분히 가능합니다. 그러나 상위 1퍼센트는 끊임없이 언론과 방송 권력을 움직여서 설득합니다. "무한경쟁, 승자와 독식이 진리다. 그렇게 살아야 돼. 너희들은 저항하면 안 돼. 네 탓이야, 네 개인 탓이야." 우리 모두 죄인이니까 내 탓도 있겠죠. 하지만 진짜 그 내 탓이란 함께 힘을 모아 다른 삶이 가능한데도 꿈꾸지 않은 죄, 최선을 다하지 않은 죄, 그 탓입니다.

요즘 증가하는 '묻지 마 살인'은 사실은 제발 내 사정을 물어 달라는 절박한 호소입니다. 장기 실업과 장기 빈곤에 노출된 한국의 20~40대가 50만 명입니다. 이들은 가정과 사회적 관계망이 해체된 은둔형 외톨이로, 잠재적인 절망범죄·분노범죄군을 형성하고 있습니다. 복지 시스템이 거의 없고 타자에게 인색하고 이웃을 돌보지 않는 이기적인 우리 사회는 불특정 다수가 폭력에 희생되는 절망 범죄라는 비극적인 결과를 목도하고 있습니다.

대안은 없는가?

브라질에서 금속노동자 출신 룰라가 집권했습니다. 거기도 8년 정도밖에 안 됐습니다. 그런데 지금 브라질의 경제 규모가 세계 6~7위입니다. 그 룰라가 한 일의 제일 핵심이 뭔지 아십니까? 그는 말합니다. "부자들에게는 투자라고 하면서 가난한 자들에게는 비용이라고 하느냐"라고 말입니다. 가난한 자에게 자비를 베푸는 것이 아니라 투자를 했습니다. 무상교육, 아이들 학교 보내는 조건으로 기본소득 생활보조를 했습니다. 그 사람들이 자살률이 높아지고 그것만으로 놀고먹었을까요? 아닙니다. 가난한 사람들이 삶의 희망이 생기니까 열심히 살아서 빈곤층 4천만이 중산층으로 올라갔습니다. 중산층의 두꺼운 허리가 생기니까 경제가 확 살아났습니다. 외채 다 갚고 6위로 올라섰습니다. 그게 10년 안에 일어납니다. 그런데 왜 우린 눈이 없을까요? 사회적 상상력이 가난합니다. 이런 사례를 못 봐서 그렇습니다.

영리 보험인 미국의 의료비가 상당히 비쌉니다. 영화 〈식코〉를 보면, 손가락 두 개가 잘린 사람이 나옵니다. 치료비가 손가락 당 5만 달러입니다. 그러니까 하나는 버립니다. 공원의 비둘기한테 먹으라고 줍니다. 그리고 하나는 어쩔 수 없이 수술을 받습니다. 5만 달러면 1달러에 1,000원이라 해도 5,000만 원. 그게 FTA 이후 영리법인 도입되면 우리에게 현실이 됩니다. 쿠바는 경쟁을 거치긴 하지만 무상으로 의료 교육을 시킵니다. 최소한 6년 이상이고, 그것을 국가에서 다 지원해 줍니다. 그러고 나서 각 지역에 가서 6년에서 10년 정도 가정 주치의로 아주 싼 임금을 받고 일합니다. 병원에 가면 가짜 환자도 많잖아요. 감기에 걸려도 가고. 그런데 쿠바는 가짜 환자를 만들어 내는 사후적인 진료 체계가 아니라, 사회적 자원의 낭비를 막는 사전 예방적인 가정의학을 도입했습니다. 그러니까 사람이 병에 걸리기 전에 건강하게 살 수 있도록 병이 안 걸리는 데 집중한 것입니다. 그 결과 쓸데없이 병원에 올 일이 적어집니다. 사회 전체적으로 의료 비용이 줄어듭니다. 훌륭하게 국가 무상의료교육을 받아서 지역사회 주치의로 헌신한 사람들이 병을 치료하기 이전에, 병에 걸리지 않도록 긍정적인 가정의학 의료서비스를 줍니다. 이런 새로운 사회적 상상력, 소셜 이노베이션, 선물의 경제가 가능합니다. 우리는 주님 앞에 자유인입니다. 왕 같은 제사장입니다. 왕은 어디든 갈 수 있지만, 지성소에는 못 들어갑니다. 그러나 왕 같은 제사장은 거기도 갑니다. 못 가는 데가 없다는 이야깁니다. 정말 대단하고 무시무시한 말씀입니다. 그 복음의 파워, 능력을 회복하면 좋겠습니다. 우리는 다르게 살라고 부르심을 받았습니다. 세상의 질서를 따라 살지 말고, 진짜 왕의 질서를 따라 살아라. 주의 신이 내게 임했으니, 가난한 자에게 기쁜 소식을, 억압받는 자에게 놓임을, 치유함을. 사회적인 억압 속에서 사는 사람에게 그렇게 살지 않아도 된다고 선포하고, 지금 여기서 이미 임한 하나님 나라 선물의 경제를 현실로 다르게 살아 보이는 것, 그게 진짜 복음입니다.

깨어진 세상을 보며

시장의 가치가 온 세상을 장악한 맘몬의 시대에 예수의 몸 된 교회로 살아간다는 것은 어쩌면 불가능에 가까운지도 모르겠습니다. 온갖 것을 소비하고 심지어는 신앙도 소비하는 사회에서 우리는 은혜를 경험하는 것이 아니라 은혜를 소비하고 교회는 자본화된 세상을 살고 있습니다. 아무것도 바라지 않고 자기 존재 자체와 모든 것을 온전히 상대에게 내어 주고 또 받아들이는 삼위일체의 선물의 경제, 놀라운 생명, 그 은혜의 삶에 변혁의 길이 있습니다. 그 놀라운 생명의 사귐으로 우리를 초대하셨다는 복음의 비밀을 삶으로 경험하는 것이 기독교 영성입니다. 선물받은 자가 선물할 수 있습니다. 생명을 선물받은 자가 생명을 선물합니다.

먹고 마시는 것, 열심히 노동해 그 수고와 보람을 누리는 것은 하나님의 선물인 것을 깨닫습니다. 먹고 마실 수 없어 하루에도 엄청난 아이들이 죽어 가고, 노동의 열매를 누리는 것조차 쉽지 않은 세상에서 사는 까닭입니다. 은혜로 인하여 믿음으로 말미암아 얻은 구원도 하나님의 선물이지 우리에게서 나온 것이 아닙니다. 혹시나 우리 안에 선한 것이 있어서 자격이 있다고 착각한다면 어리석은 생각입니다. 구원을 선물로 받은 것도 모자라 복음을 위한 일군이 된 것은 전적으로 성령의 능력이 이루는 사건입니다. 내가 잘나서가 아니라 하나님이 은혜로 선물을 주신 것입니다. 이 또한 내가 잘난 구석이 있기 때문이라고 착각하지 맙시다. 우리는 지극히 작은 자 가운데 작은 자로, 세상 가운데 쓰레기와 같은 자들이었습니다.

간혹 복음의 능력을 목도하는 종교성을 지닌 분들 중에는 복음의 치유와 능력을 돈으로 살 수 있다고 오해하는 경우가 있습니다. 유명한 목사의 안수기도 한 번에 기본 7백만 원에서 위중한 암환자는 몇천만 원까지 가기도 합니다. 돈으로 하나님의 선물을 살 수 있다고 생각하는 경우입니다. 하나님은 돈으로 움직이지 않으실 뿐더러 하나님의 선물인 성령의 능력은 돈으로 살 수 없습니다. 하나님과 돈으로 거래하려는 어리석은 사람들은 기도받으려고 들고 온 돈과 함께 틀림없이 망할 것입니다. 예수님은 하나님의 선물을 준비하고 계

십니다. 하나님이 주시는 선물이 어떤 것인지 안다면, 예수 그리스도
가 누구신지 안다면 우리는 가만히 앉아 있을 수가 없습니다. 하나
님이 선물을 주시겠다면 인간은 막을 수 없습니다. 인종, 민족, 국가,
성, 장애 등의 차별이 요나의 경우처럼 우리를 도망치게 하지만, 하
나님의 선물은 편견과 차별의 벽을 뚫고 기어이 하나님을 믿는 자들
에게 도착합니다. 우리가 무엇이기에 인간의 한계를 깨고 선물을 주
시는 하나님을 감히 막을 수 있을까요? 하나님의 선물은 예수 그리
스도의 십자가를 통해 널리 세상의 인간에게 넘칩니다.

깨어진 교회

주 여호와의 영이 내게 내리셨으니 이는 여호와께서 내게 기름
을 부으사 가난한 자에게 아름다운 소식을 전하게 하려 하심이
라 나를 보내사 마음이 상한 자를 고치며 포로된 자에게 자유
를, 갇힌 자에게 놓임을 선포하며 여호와의 은혜의 해와 우리
하나님의 보복의 날을 선포하여 모든 슬픈 자를 위로하되 무릇
시온에서 슬퍼하는 자에게 화관을 주어 그 재를 대신하며 기쁨
의 기름으로 그 슬픔을 대신하며 찬송의 옷으로 그 근심을 대
신하시고 그들이 의의 나무 곧 여호와께서 심으신 그 영광을 나
타낼 자라 일컬음을 받게 하려 하심이라(사 61:1-3)

예수님께서 이 말씀으로 공생애를 시작하셨습니다. 이 말씀이 사

역의 핵심이란 뜻입니다. 그런데 이 말씀은 우리나라 교회에서는 잘 설교되지 않습니다. 저는 이 본문에 대한 설교를 거의 들어보지 못했습니다.

짐 월리스의 실험

짐 월리스의 《하나님의 정치》(청림출판, 2008) 13장을 보면 유명한 실험이 나옵니다. 한 학생이 낡은 성서와 가위를 가져와서 희년, 공평, 정의, 가난한 사람들과 관련된 말씀을 모조리 오려 내는 실험이었습니다. 감히 가위를 가지고 와서 하나님 말씀을 난도질하다니! 이런 참람하고 불경한 실험은 우리도 한번 해볼 만합니다. 엄청나게 시간이 오래 걸렸을 겁니다. 다 읽어 보면서 잘라야 했을 테니까요. 덕분에 이 학생은 성경통독 한 번 했을 겁니다. 레위기부터 시작해서 히브리의 희년 전통, 이사야 61장의 '은혜의 해'는 곧 희년을 말하는 것입니다. 예수님이 선포하신 복음은 희년의 복음입니다. 평등과 관련된 구절도 모두 성서에 남겨 두기엔 너무 위험한 말입니다. 신약성서는 더합니다. 이렇게 가위로 성경책을 오려내는 지독한 편집이 끝나니까 성경은 너덜너덜해졌습니다. 걸레와 다름없었습니다. 편집 작업의 최종 결과물은 구멍으로 가득 찬, 상처투성이의 성서였습니다. 바로 이 너덜너덜해진 성경의 내용만 가지고 너덜너덜한 설교를 들으면서 말씀을 편식하고 있습니다. 정상적인 신앙인이 길러지기는 거의 불가능한 구조인 셈입니다.

신구약의 대부분이 잘려 나가 너덜너덜해졌습니다. 우리도 동일한 실수를 하고 있습니다. 가난한 사람들 그리고 하나님의 공의와 공평, 평화에 대한 말씀은 한국 교회에서도 너무 위험합니다. 원래 예수님의 복음은 불온한 겁니다. 대부분의 교회에서는 신구약 중 남은 성경을 가지고 신앙생활을 해왔습니다. 대부분의 교회가 성경을 실질적으로 입맛에 맞게 편집합니다. 자기 성향에 안 맞으면 설교를 하지도 않고 강조하지도 않습니다. 하나님의 말씀을 그대로 받지 않고 제멋대로 편집합니다. 한국 교회는 성경에 대한 심각한 이데올로기적 편향에 사로잡혀 있습니다.

말씀을 편집하는 교회

말씀을 제멋대로 편집한 믿음은 진짜 믿음이 아닙니다. 제멋대로 말씀을 편집하고 가위질하는 교회가 과연 세상 가운데 소금과 빛의 역할을 할 수 있을까요? 한국 교회가 어려움에 빠져 있고 위기에 처했다면, 말씀을 제멋대로 자기 생각에 따라 편집한 죄 때문입니다. 이것이 한국 교회의 문제가 되는 증상이요, 원인 중 하나입니다.

저는 산상수훈 설교를 거의 들어 보지 못했습니다. 누가복음 1장 46-55절에 나오는 마리아 찬가도 거의 설교되지 않습니다. 왜냐하면 "권세 있는 자를 그 위에서 내리치셨으며 비천한 자를 높이셨고 주리는 자를 좋은 것으로 배불리셨으며 부자는 빈손으로 보내셨도다……"라는 내용이기 때문입니다. 그런 내용은 교회에 헌금을 많이 내는 부자들이 싫어하는 내용이기 때문입니다. 우리가 잘 아는 부자 청년 이야기도 설교 잘 안 합니다. 맘몬을 섬기는 불의한 청지기 비유(눅 16장)의 원래 의미는 세상에서 나쁜 불의한 청지기도 잘 못된 재물을 가지고 좋은 친구를 잘 사귀는 지혜가 있다는 것입니다. 하나님을 만난 사람들은 더 이상 재물을 추구하고 맘몬을 섬길 것이 아니라, 더 좋은 친구인 예수님을 사귀고 불의한 구조 속에서 모은 재물로 삭개오의 사회적 회심처럼 선물의 경제를 이루고 이웃을 섬기라는 말씀입니다. 이 말씀은 그저 헌금 잘하라는 말씀이 아닙니다.

말씀이 우리를 읽는다 cogitatur, ergo sum

그러므로 한국 교회의 근본적인 문제점은 하나님의 말씀을 제대로 읽지 않는 것입니다. 저는 선교단체에서 귀납적 성경 연구, 즉 PBS를 배웠습니다. 귀납적 성경 연구란 하나님 말씀 앞에 서서 우리의 전제를 다 내려놓고, 어려운 말로 '에포케'(판단중지)하는 것입니다. 우리가 하나님의 말씀을 판단하는 것이 아니라, 우리가 하나님의 말씀 앞에 판단받도록 우리의 판단을 내려놓는 것입니다. 우리의 판단을 하나님의 말씀이 중지시킵니다.

하나님의 말씀을 제대로 읽는다는 것은, 우리가 말씀을 읽는 것이 아니라 말씀이 우리를 읽는 것입니다 cogitatur, ergo sum. 그러므로 자기 전체를 내려놓고 말씀에 의해 우리 자아가 깨어져야 합니다. 판단중지, 에포케의 상태로 하나님의 말씀 앞에 서야 합니다. 그런 후에 겉으로 보기에 참람하고 불경스런 질문을 갖고 하나님께 정직하게 나아갑니다. 질문이 제거된 신앙과 교회는 필경 타락의 길로 들어섭니다. 말씀은 주입식 성경 지식이 아닙니다. 말씀은 인간의 오만과 교만이 하나님의 진리와 만나는 전쟁터입니다. 인간의 자기 주장이 하나님의 질문과 만나는 장소이고, 고통에 찬 히브리인들의 신음소리가 신정론을 공격하는 곳입니다. 인간은 정직하게 질문합니다. 하나님도 솔직하게 질문합니다. 이 둘이 말씀 안에서 부딪힙니다. 인간과 하나님의 대화가 일어납니다. 이 대화 속에 인간, 세상, 진리를 관통하는 하나님의 지혜가 드러납니다. 말씀은 인간에게 이미 도달한 지표가 아니라 도달을 향해 달려가는 진리의 운동 과정입니다. 말씀에 우리 자아가 깨지는 것이지요. 그런데 한국 교회는 말씀도 이미 다 알고 구원받는 복음도 너무 잘 안다고 생각합니다. 말씀에 대한 정당한 질문을 제거합니다. 단기주입식으로 복음을 구겨 넣습니다. 무슨 말씀을 하시든지 조건 없이, 유보 없이 무조건 따르겠다고 두렵고 떨림으로 말씀 앞에 서는 경외(누미노제)를 잃어버렸습니다.

교회의 빛

깨어진 세상의 대안은 교회가 되어야 합니다. 그러나 말씀을 제대로 읽지 않고, 제멋대로 자기 입맛에 맞춰 편집해서 해석하는 한국 교회는 대안이 되기는커녕 앞에서 말한 모든 문제가 고스란히 자신

안에 들어와 있습니다. 대표적인 문제가 교회의 빚입니다.

우리나라 교회가 빚이 많습니다. 빚이 없는 교회는 거의 없습니다. 큰 교회일수록 빚이 많습니다. 4조 5천억이라는 상당히 큰 액수의 빚을 지고 있습니다. 우리가 건전하고 훌륭하다고 믿는 교회조차도 혹은 그런 교회일수록 몇십억, 몇백억 대의 빚을 지고 있습니다. 마치 세상의 질서처럼, 땅 투기 개발로 재산을 불리는 것처럼, 교회도 대출받아 건물을 짓고 갚고 더 목 좋은 곳으로 옮기기를 반복하면서 이것이 성장이라고 착각하고 있습니다. 어쩌면 이 과정에서 진짜 하나님 나라는 더 작아졌을지도 모릅니다.

원래 그리스도인은 어떻게 살아야 합니까? 하나님께만 빚지고 살아야 합니다. 로마서 13장 8절에 "사랑의 빚 외에는 아무에게든지 아무 빚도 지지 말라" 하였습니다. 그런데 지금 한국 교회는 자본에 더 큰 빚을 지고 있습니다. 은행, 금융권, 대출에 빚지고 있습니다. 맘몬에 빚지고 있습니다.

빚을 지고 있으면 빚을 갚으라며 오는 빚쟁이의 말을 들어야 합니다. 교회와 복음과 현실을 분석하는 많은 틀이 있지만 가장 간단한 틀은 이겁니다. 교회도 '세상과 똑같이' 자본에 빚을 졌습니다. 맘몬에게 빚을 졌습니다. 맘몬은 재물신입니다. 하나님에게 빚진 게 아니라 재물신에게 빚을 졌습니다. 그러면 누구 말을 들을까요? 재물신, 곧 맘몬의 말을 듣습니다. 교회 안에 경영이라는 교묘한 이름으로 세상의 원리가 스며듭니다. 세상의 경영학과 성장학이 판을 치기 시작했습니다. 그래서 교회의 모습이 어그러지기 시작했고, 개인적인 저항이나 제자도 그런 것이 통하지 않게 되었습니다.

맘몬을 섬기는 교회

다시 말해 한국 교회는 지금 맘몬주의에 빠져 있습니다. 맘몬주의란 아주 간단히 말하면 돈과 재물을 섬기는 것입니다. 우상 숭배입니다. 돈과 재물이면 모든 것이 해결된다고 믿는 우상 숭배와 신화를 맘몬주의라고 합니다. 우리가 사는 세상은 맘몬이 지배하는 세상입니다.

그리스도인은 달라야 합니다. 맘몬이 아닌 하나님을 섬겨야 하고, 하나님의 말씀대로 살아야 합니다. 그러나 이미 오래전에 교회에 들어온 맘몬주의로, 말씀을 제대로 읽지 않음으로, 성경을 편집해서 읽음으로 성경에 나와 있는 하나님은 인격적인 하나님이 아니고 '복을 주는 하나님, 부자 되게 하는 하나님, 성공하게 하는 하나님'이 되고 말았습니다. 우리는 3중, 4중 축복이라는 거짓된 맘몬 신을 섬기고 있습니다. 그것은 성경에서 말하는 하나님이 아닙니다. 재물신입니다. 그런데 사람들은 자기가 믿는 하나님이 진짜 하나님이라고 착각하고 있습니다. 대부분의 사람들이, 많은 교회들이 그것이 하나님이라고 하니까, 그게 복음이라고 하니까, 정말로 성경이 말하는 예수 그리스도의 복음이 아님에도 그것이 복음이라 착각하고 그것을 믿습니다.

돈이면 다라고 생각하고, 돈 있는 자가 교회 안에서 권세 부리고, 힘 있는 사람이 숭앙받고…… 그런 곳은 어디인가요? 세상이죠. 하나님 나라는 그런 곳이 아닙니다. 세상의 질서가 역전되는 곳이 하나님 나라입니다. 하나님 나라의 모습을 보지 못하니까 교회 안에 진리가 없다고 생각하고 교인들이 떠나가는 것입니다.

맘몬을 거부하시는 예수님

예수님은 하나님과 재물을 겸하여 섬길 수 없다는 사실을 강조하십니다. 바리새인이나 사두개인들을 욕하고 꾸짖으실 때 복음서의 본문을 정확히 읽어 보면 서기관과 바리새인의 도덕적 위선 이전에 재물에 대한 그들의 탐욕을 책망하심을 알 수 있습니다. 그들은 과부의 재물까지 빼앗았습니다.

긴 옷을 입고 다니는 것과 시장에서 문안 받는 것과 회당의 높은 자리와 잔치의 윗자리를 원하는 서기관들을 삼가라 그들은 과부의 가산을 삼키며 외식으로 길게 기도하는 자니 그 받는 판결이 더욱 중하리라 하시니라(막 12:38-40)

한 사람이 두 주인을 섬기지 못할 것이니 혹 이를 미워하고 저를 사랑하거나 혹 이를 중히 여기고 저를 경히 여김이라 너희가 하나님과 재물을 겸하여 섬기지 못하느니라(마 6:24)

예수께서 둘러 보시고 제자들에게 이르시되 재물이 있는 자는
하나님의 나라에 들어가기가 심히 어렵도다 하시니(막 10:23)

누가복음 18장에 어떤 사람이 이렇게 질문합니다. "선한 선생님
이여 내가 무엇을 하여야 영생을 얻으리이까." 예수님이 뭐라고 하
십니까? "네가 어찌하여 나를 선하다 일컫느냐 하나님 한 분 외에
는 선한 이가 없느니라 네가 계명을 아나니 간음하지 말라, 살인하
지 말라, 도둑질하지 말라, 거짓 증언 하지 말라, 네 부모를 공경하라
하였느니라"(눅 18:19-20). 도덕적·율법적 기준으로 하나님 나라와
하나님을 재단하고, 규정하고, 틀에 가두려고 하지만 다 헛소리라는
말씀입니다. 바리새인들은 얼마나 정의롭고 공의로운지가 아니라 자
신들이 세워 놓은 도덕적 기준에 도달하기만 하면 됐습니다. 이것이
바로 '자기 의'이고, 도덕적 혹은 개인 윤리적 복음의 이해입니다. 바
리새인은 자기 기준에서 다 지켰다고 합니다(21절). 그러나 이때 예
수님께서 충격적인 말씀을 하십니다. "네게 아직도 한 가지 부족한
것이 있으니 네게 있는 것을 다 팔아 가난한 자들에게 나눠 주라 그
리하면 하늘에서 네게 보화가 있으리라 그리고 와서 나를 따르라"
(22절). 이 말씀은 "네가 교회 안에서 높은 자리에 앉아 있고 목을
꼿꼿이 하여 다른 사람을 도덕적으로 판단하느냐? 이 불의한 자야!
네가 정말 이웃을 사랑하라는 하나님의 계명을 지켰느냐? 그러면
가난한 이웃들, 너희 형제자매들에게 재산을 나누어 주어라"라는

말씀입니다.

　예수님이 성전을 정화하신 곳은 이방인의 뜰이었습니다(요 16:14-16). 유월절이 임박한 시기에는 학자들의 추산으로 50만~100만의 유대인과 유대교 개종자들이 이방인의 뜰을 찾았습니다. 여기서 성전 상권을 장악한 귀족 권력층인 사두개파의 독점적 상행위가 이루어졌습니다. 성전 밖에서 끌고 온 동물들은 입장이 거부되었고, 그 뒤 헐값으로 사들여 그 동물들을 희생제물로 비싸게 되팔았습니다. 성전에 쓰이는 화폐로 이방인의 돈이 환전되면서 그들은 적어도 10퍼센트의 차익을 남깁니다. 종교 권력은 성전의 독점적인 카르텔을 형성해 엄청난 부를 남겼습니다. 멀리서 하나님께 기도하러 온 사람들은 울며 겨자 먹기로 이들의 횡포를 견디어 내야 했습니다. 예수님은 "노끈으로 채찍을 만드사 양이나 소를 다 성전에서 내쫓으시고 돈 바꾸는 사람들의 돈을 쏟으시며 상을 엎으시고"(15절) 이렇게 말씀하셨습니다. "이것을 여기서 가져가라 내 아버지의 집으로 장사하는 집을 만들지 말라"(16절).

　왜 예수님은 과부의 두 렙돈(막 12:38-13:2, 눅 20:45-21:6)을 칭찬하셨을까요? 생활이 안 되더라도 과감하게 전 재산을 교회 건축에 바치면 칭찬받고 복 받는다는 이야기였을까요? 본문의 맥락을 살펴보면, 대단한 해석학이나 엄청난 신학적인 지식이 필요 없습니다. 과부의 가산까지 빼앗는 서기관들의 탐욕에 대한 엄중한 심판을 이야기하신 예수님은 과부를 칭찬하시고 나서, 이런 피눈물 나는 순결

한 헌신으로 "그 아름다운 돌과 헌물로 꾸민" 호사스런 성전을 보시고, 분노하셨습니다. 그래서 "그날이 이르면 돌 하나도 돌 위에 남지 않고 다 무너뜨려지리라"라며 잘못된 성전 건축을 꾸짖고 계십니다.

돌로 세운 궁전 같은 호화성전은 무너져도 사흘 만에 부활하신 진짜 성전이신 예수님은 초라한 두세 사람 중에 함께 계십니다.

모든 백성이 들을 때에 예수께서 그 제자들에게 이르시되 긴 옷을 입고 다니는 것을 원하며 시장에서 문안 받는 것과 회당의 높은 자리와 잔치의 윗자리를 좋아하는 서기관들을 삼가라 그들은 과부의 가산을 삼키며 외식으로 길게 기도하니 그들이 더 엄중한 심판을 받으리라 하시니라 예수께서 눈을 들어 부자들이 헌금함에 헌금 넣는 것을 보시고 또 어떤 가난한 과부가 두 렙돈 넣는 것을 보시고 이르시되 내가 참으로 너희에게 말하노니 이 가난한 과부가 다른 모든 사람보다 많이 넣었도다 저들은 그 풍족한 중에서 헌금을 넣었거니와 이 과부는 그 가난한 중에서 자기가 가지고 있는 생활비 전부를 넣었느니라 하시니라 어떤 사람들이 성전을 가리켜 그 아름다운 돌과 헌물로 꾸민 것을 말하매 예수께서 이르시되 너희 보는 이것들이 날이 이르면 돌 하나도 돌 위에 남지 않고 다 무너뜨려지리라(눅 20:45-21:6)

권력과의 결탁

권력과 부는 밀접하게 연관되어 있습니다. 교회는 일제 군국주의 파시즘의 한국판인 유신 개발 독재체제에 반공이데올로기와 국가 이데올로기의 하부동원조직 역할을 충실히 하면서 그 대가로 국가로부터 다양한 지원을 받았습니다. 공용도로 지하에 대해 전용허가를 받고, 지하철 출입구가 바로 교회와 연결되는 곳에 건축을 하기도 합니다.

1970~80년대 급속하게 성장한 어떤 선교단체는 독재 권력과 손잡고 청년들을 조직한다는 명분으로 자기 선교단체의 성장기반을 마련하기도 하였습니다.

교회 목사들이 독재권력을 위해 조찬기도회를 한다든지 국가 친화적 성향의 단체장을 하고 조직위원을 하면 정치적인 영향력을 행사해서 수월하게 은행 대출을 받습니다. 그래서 건물 짓고 교회가 재산을 늘려왔습니다. 그리고 교회에 다니는 고위 공직자의 고급 정보들, 개발정보들을 목사들이 먼저 흡수해서 그런 자리를 선점합니다. 부동산 투기처럼, 교회의 성장 공식이 그렇습니다. 미리 딱 선점해서 그 자리에 가서 교회를 부흥시킵니다.

번영신학

우리나라 초창기 미국 선교사들이 소개한 복음은 미국제 천민자본주의의 영향을 받은 이원론적인 복음입니다. 그것이 마치 진리인

양, 미국에 유학 다녀 온 사람들을 통해 끊임없이 확대재생산되고 있습니다. 천민자본주의에 물든 성공주의 복음에 대해 존 파이퍼 목사님도 미국이 번영신학을 아시아, 아프리카에 수출했다고 한탄합니다. 존 파이퍼 목사님은 매우 보수적인, 굳이 따지자면 근본주의 계열이기도 하고, 또 어쩌면 저와는 정치적 견해가 상당히 다른 지점에 있을지 모릅니다. 그런데 이분이 말씀하시고 싶은 그 지점이 제가 이야기하고 싶은 지점과 일치한다는 것을 깨달았습니다. 다음은 유튜브에 올린 존 파이퍼 목사님의 설교입니다.

저는 당신이 건강, 부와 재물, 그리고 번영 신학에 대해 어떻게 느끼는지 잘 모릅니다. 하지만 제가 어떻게 느끼는지 말해 드리죠. 증오입니다. 그것은 복음이 아닙니다. 그것은 이 나라에서 아프리카와 아시아로 수출되고 있고, 빈곤한 사람들 중에서도 가장 가난한 사람들에게 팔리고 있습니다. "이 말씀을 믿으십시오. 여러분의 돼지가 죽지 않을 것입니다. 여러분의 아내는 유산하지 않을 것입니다. 여러분은 손가락에 반지를 끼게 될 것이고, 등이 따뜻하게 될 것입니다." 그런 것이 미국에서 나오고 있다는 것입니다. 우리의 돈, 시간, 그리고 목숨을 주어야 할 사람들에게 '복음'이라고 마음대로 정한 쓰레기를 팔고 있습니다. 이것이 끔찍한 이유는 언제 미국인이, 아프리카인이, 아시아인이 "나는 BMW를 몰기에 예수님만으로 충분합니다"라고 고백한 것을 들어본 적이 있기 때문입니다. 그들은 이렇게 말할 것입니다. "예수님께서 너에게 이걸 주셨어? 그럼 나도 예수님 선택할래!" 그건 우상 숭배지 복음이 아니에요. 이건 주는 자의 위에 선물을 놓는 것입니다.

제가 무엇이 예수님을 아름답게 하는지 알려드리겠습니다. 차사고가 나서 여러분의 작은 딸이, 자동차 앞 유리를 깨고 날아 땅바닥에 뒹굴 때, 마치 2주 전 작은 여자 아이가 11번가 애버뉴에서 그랬던 것처럼 길가에서 경찰이 그 여자아이를 데려갈 수 있을 때까지 그 애가 3시간 동안 길가에 누워 있을 때, 가장 깊은 고통을 받고 있을 때. "하나님만으로 충분합니다. 하나님만으로 충분합니다." "그는 선하신 분이다. 그는 우리를 돌보실 것이며, 우리를 만족하게 하실 것이다. 그는 우리를, 이 고통을 지나가게 하실 것이며, 그는 나의 가장 소중한 분이시다." "하늘에서는 주 외에 누가 내게 있으리요, 땅에서는 주밖에 나의 사모할 자 없나이다 하나님은 내 마음의 반석이요, 내 마음의 분깃이시라"(시 73:25-26). 이게 하나님을 영광스럽게 보이게 만듭니다. 하나님으로요! 그냥 자동차, 안전, 건강을 주시는 분이 아니라고 말입니다.

건강, 재물, 번영 신학이 없어지기 위해 제가 얼마나 기도하는지 모르겠습니다. 아니, 미국에서 이런 번영 신학이 사라지고 교회 안에 구주를 향한 고난이 두드러지기를 말입니다. 하나님은 당신이 번영 가운데서가 아닌, 삶의 손해와 손실 가운데서도, 그분만으로 가장 만족할 때 가장 높은 영광을 받으십니다.

정의와 평화의 주

정의로운 사람, 평화로운 사람은 간혹 볼 수 있지만 정의롭고 평화로운 사람을 만나기는 힘듭니다. 예수님은 좁은 길, 좌나 우로 치우치지 않는 정의로운 평화의 길을 가르치십니다. 로마서의 '디카이오쉬네'는 대개 '의'라고 번역하지만 구약의 체다카 전통에 닿아 있는 개념으로 '정의'가 옳은 번역입니다. 하나님은 믿음을 '정의'로 여기십니다. 또한 예수님은 '하늘에는 영광이요 땅에는 평화'를 가져오십니다. '원수를 대적하라'는 이야기가 산상수훈에서 '원수를 사랑하라'는 명령으로 바뀝니다. 예수님의 복음은 평화의 복음이요 화해의 복음입니다. 마지막 날 밤 아무것도 모르고 '높은 자리에 앉겠다고 서로 누가 크냐며 싸우는' 제자들을 겸손히 친구라 부르며 목숨을 다해 사랑하시고 서로 사랑하라 새 계명을 명하신 예수님은 평화와 화해를 전하는 하나님의 공동체로 교회를 부르십니다. 하나님은 교회에게, 세상과 이웃에게 평화와 화해를 명하십니다. 이 복음의 진수가 드러날 때 복음이 전해집니다. 복음 전도는 사랑의 실재를 드러내는 방식이어야 합니다. 복음이란 하나님과 세상, 이웃과의 평화와 화해이기에 복음이 전해지는 방식 또한 평화적인 실천이어야 합니다. 복음은 어떤 형태의 폭력도 거부합니다. 거룩한 전쟁도, 신앙의 강요도 복음의 본질에 반합니다. 무엇보다도 가장 겸손한 모습으로 인간의 몸으로 오셔서 우리를 만나시고 몸으로 평화를 실천하신 예수님의 성육신이 복음이 무엇인지를 가장 잘 보여 줍니다. 복음은 어떤 형태로든 권력에 호소한다거나 폭력적이고 무례한 형태의 종교를 거부합니다.

잘못된 부흥회 영성

설교가 시작되기 전에 헌금을 합니다. 그리고 헌금 봉투가 부흥강사의 강대상에 올라가고 강사는 헌금 봉투에 쓰인 기도 제목을 읽습니다. 읽으면서 축복기도합니다. 부흥강사의 축복에 소외되지 않으려고 너도 나도 무리해서 헌금을 합니다. 모아진 헌금은 고스란히 부흥강사에게 전달됩니다. 대개는 기본급 더하기 능력제 성과급입니다.

설교에는 마치 틀에 박은 듯이 사역자를 잘 모셔야 한다, 십일조를 잘해야 한다, 교회에 헌신 봉사해야 한다, 교회를 건축해야 한다, 그래야 복을 받는다며 하나님의 축복을 받는 방법 등의 내용을 담습니다. 마치 작심하듯 평소 담임 목사가 차마 하지 못한 말들을 다 해줍니다.

한국 교회의 기복신앙과 번영신앙의 자궁은 부흥회였습니다. 부홍집회에 중독된 이들이 고안해 낸 좀더 세련된 집회가 찬양 집회, 선교 집회 등 커다란 집회입니다. 집회의 영은 조금 더 젊어지고 세련된 모습이지만, 중언부언하며 난리굿하는 것은 동일한 영입니다. 주여, 주여 하며 난리굿하는 자라 할지라도 다 하나님 나라에 들어가는 것은 아닙니다.

> 너희는 나를 불러 주여 주여 하면서도 어찌하여 나의 말하는 것을 행치 아니하느냐(눅 6:46)

> 나더러 주여 주여 하는 자마다 천국에 다 들어갈 것이 아니요 다만 하늘에 계신 내 아버지의 뜻대로 행하는 자라야 들어가리라 그 날에 많은 사람이 나더러 이르되 주여 주여 우리가 주의 이름으로 선지자 노릇하며 주의 이름으로 귀신을 쫓아내며 주의 이름으로 많은 권능을 행치 아니하였나이까 하리니 그때에 내가 저희에게 밝히 말하되 내가 너희를 도무지 알지 못하니 불법을 행하는 자들아 내게서 떠나가라 하리라(마 7:21-23)

한국 교회 부흥의 이면

한때 한국 교회가 하나님의 축복을 많이 받아 세계에서 유례없이 놀라운 속도로 성장하고 부흥했다고 떠들썩했습니다. 사람들은 끊임없이 교인들이 많아지고, 더 큰 건물이 들어서며, 재산이 많아진 것을 보고, 성장이요 부흥이라고 했습니다. 그러나 그것은 부흥이 아닙니다. 어쩌면 실질적으로는 하나님 나라가 축소된 것이고, 작아진 것이고, 쇠락한 것입니다. 그것은 진정한 영적인 부흥이 아닙니다. 늘어난 숫자는 허수입니다. 썰물처럼 빠져나갈 겁니다. 밀물처럼 미국제 천민자본주의가 들어오고, 미국의 맘몬의 영이 들어오는 통로로서 교회가 역할을 했기 때문에 그것의 떡고물을 받아먹기 위해 신앙인인 척하고 들어왔던 사람들이 떡고물이라도 떨어지면 어떻게 할까요. 썰물처럼 빠져나갑니다.

지금의 모습이 그런 모습의 전초라고 생각합니다. 김진호 목사가 《시민 K, 교회를 나가다》(현암사, 2012)에서 잘 지적했듯이 중산층화된 사람들이 기층민 종교로서, 그들이 보기에 천박하고 시끄러운 교회 문화를 벗어버리고, 좀더 교양 있는 천주교로 90년대 이후 400만이나 이탈했습니다.

그리스도인들이 복음의 본질을 붙잡고 있다면, 부유해질수록 더욱 나누는 삶을 살고, 이웃과 연대하는 삶을 살게 마련입니다. 한때 전체 인구의 25퍼센트였던 그리스도인이 진정한 복음으로 말미암았다면, 지금의 한국 교회는 어떻게 변해 있을까요? 그토록 놀라웠던 성장의 숫자는 잘살고 싶고 잘되고 싶어서 교회에 온 사람들의 수입니다. 그래서 이제 중산층이 된 그들은 개신교가 말하는 앵앵거리는 소리가 듣기 싫은 겁니다. 그분들의 말대로 하면 좀 천박해 보입니다. 그래서 고급스럽고 교양 있는 천주교로 이동한 겁니다. 그런 관점에서 보면, 예전禮典이나 예식을 강조하거나 내면적인 영성 운동을 하는 개신교는 천주교화하면서 중산층 교회의 특징을 나타내는 것입니다.

교회 중독

'중독'이란 말을 표준국어대사전에서 찾아보면, "1. 생체가 음식물이나 약물의 독성에 의하여 기능 장애를 일으키는 일, 2. 술이나 마약 따위를 지나치게 복용한 결과, 그것 없이는 견디지 못하는 병적 상태, 3. 어떤 사상이나 사물에 젖어 버려 정상적으로 사물을 판단할 수 없는 상태"라고 나와 있습니다.

교회의 상태를 너무 잘 대변해 주는 말입니다. 하나님이 원하시는 소금과 빛으로서의 본연의 기능이 멈춘, 기능 장애 상태입니다. 복음이 아닌, '잘살게 해주겠다', '교회에 가면 잘된다', '부자 된다'와 같은 마약으로 병든 상태입니다. 그리고 이제는 맘몬주의에 빠져 진리의 말씀을 옳게 분변할 수 없는 상태입니다.

성공신화, 인간이 우상화되는 교회

루스드라에서 바울은 자신을 우상 삼는 사람들 앞에서 옷을 찢었습니다. 기적이 일어나고 외형이 커지면 그걸 높이고 싶은 마음이 듭니다. 이때 참된 그리스도인이 할 일은 옷을 찢고 벌거벗는 일입니다. 벌거벗은 인간Homo sacer은 우상화의 감옥, 수용소군도를 탈출

하는 지혜입니다. 제우스와 헤르메스 신전이 있는 루스드라에서 바울과 바나바는 나면서부터 걷지 못하는 병자를 고쳤습니다. 그 일로 인해 바울은 헤르메스, 바나바는 제우스 대접을 받았습니다. 시외의 제우스 신전 제사장들은 허겁지겁 제물과 악기를 시내로 가져다가 제사를 드리려 했습니다. 바울은 옷을 찢고 벌거벗은 인간, 벌거벗은 생명이 됩니다. 기적이 있고 조금 사람이 모인다 싶으면 신화가 생겨나고 자신을 스스로 높이는 우상화의 논리가 작동합니다. 복음은 인간 우상화, 이것을 철저히 거부합니다. 복음은 우리 안에 어떤 우상도 세우지 않습니다. 어떤 외양이나 신화를 취해서는 안 됩니다. 기독교의 비종교화, 비종교적 언어와 실천이라는 내재적 초월이 가장 복음적입니다. 우리는 우리가 아무것도 아님을 늘 벌거벗음으로 보여야 합니다. 성난 군중은 신처럼 섬기려던 바울을, 영웅되기를 거절했다는 이유로 죽도록 때린 다음 시외에 추방하고 버립니다. 무엇인가 눈에 보이는 것을 우상 삼고 우상이 되는 것은 폭력이 은폐된 신화요 희생양 논리입니다. 진짜 공동체는 우상을 세우지 않습니다.

한국 교회는 맘몬 숭배에 이어, 성공 신화의 간증 레퍼토리가 신앙 생활의 기본적인 문법이 되었습니다. 영웅적인 목회자나 사역자나 성공 신화 뒤에는 인간을 우상화하는 폭력적인 희생 논리가 있는 것입니다. 신앙의 우상 숭배는 사역자가 성도들을 지배하고, 노예화하게 만듭니다. 사역자의 지배를 받는 노예가 된 성도들은 사역자의 성공과 이름을 위하여 죽어도 죽지 못하고 살아야만 하는 좀비 신앙인이 됩니다. 이제 한국 교회는 아무도 바울처럼 옷을 찢고 벌거벗으려 하지 않습니다. 헤르메스, 제우스 대접을 톡톡히 받습니다. 목사의 이름으로 제우스 대접을 받으며, 당당하게 성도들을 부립니다. 그리고 젊은 목회자들은 제우스화된 목회자들을 성공의 목표로 삼습니다. 한때 미국을 방문한 한국 신학생들의 성지가 바로 성공주의 신학의 본산인 파산한 수정교회입니다. 미국의 신학교로 공부하러 가면 방학 때 필수코스로 수정교회를 답사합니다. 수정교회를 보고 온 신학생들은 "나도 꼭 저렇게 성공하고 말겠다"고 다짐하곤 했습니다. 성공을 위해서라면 천사의 가면을 쓰고, 자녀도 아내도 남편도 이용하는 모습이 한국 교회의 현실입니다. 누군가의 성공을 위해 다른 가족은 희생되고, 그 성공의 폭력에 고통당하고 있게 마련입니다.

우리에게 스승이고 목자이며 아비이신 분은 예수님뿐입니다. 예수님의 자리에 인간은 어느 누구도, 어느 것도 서지 말아야 합니다. 우리는 항상 벌거벗기를 주저하지 말아야 합니다. 성도 한 사람 한 사람이 신앙의 자발성, 자율성을 가지고 하나님 앞에 서야 합니다. 모든 성도가 하나님 앞에 바로 서 있기에 목사나 전도사, 사역자가 딱히 할 일이 없어 필요 없는 교회가 가장 건강한 교회입니다.

인간이 하나님 앞에 단독자로 서서 인간의 우상물을 전부 던져 버리고 우상 숭배적 의존 방식인 종교 행위마저 던져 버린, 하나님

과 동행하는 친구로서의 주체적 신앙을 보이면 불경한 신앙인으로
대접받습니다. 하나님은 마냥 의존적인 어린 신앙에 머물러 하나님
의 노예가 되도록 인간을 창조하신 것이 아닙니다. 하나님의 형상인
인간은 하나님과 함께 세상을 섬기는 주체로 부르심을 받았습니다.

> 내가 어렸을 때에는 말하는 것이 어린 아이와 같고 깨닫는 것이
> 어린 아이와 같고 생각하는 것이 어린 아이와 같다가 장성한 사
> 람이 되어서는 어린 아이의 일을 버렸노라(고전 13:11)

> 대저 젖을 먹는 자마다 어린 아이니 의의 말씀을 경험하지 못한
> 자요 단단한 식물은 장성한 자의 것이니 저희는 지각을 사용하
> 므로 연단을 받아 선악을 분변하는 자들이니라(히 5:13-14)

> 형제들아 지혜에는 아이가 되지 말고 악에는 어린 아이가 되라
> 지혜에 장성한 사람이 되라(고전 14:20)

참된 제자도의 흐름

이름 없이, 빛도 없이 농어촌교회에서 뼈를 묻으면서, 할머니 몇
분, 할아버지 몇 분, 아이들 몇 명 데리고 20년, 30년, 40년 목회하시
는 분들이 있습니다. 가난한 농촌교회를 섬길 분이 없어 그 자녀들
이 아빠 목사의 교회를 책임지는 그 눈물겨운 모습들, 삶조차도 어

려워서 다른 것을 하면서 그래도 교회를 지키겠다고 가정교회로, 작은 교회로 끊임없이 투쟁하면서 저항하고 있는 하나님의 무리들이 없는 것 같습니까? 있습니다. 계속 있어 왔고, 앞으로도 있을 겁니다. 하나님 나라는 결코 세상의 세력과 정사와 권세에 굴복하지 않습니다. 미약하고, 작고 없어진 것처럼 보일 뿐입니다.

한국 교회가 한국 사회에 대안이 된 적이 한 번도 없었던 것은 아닙니다. 예를 들면 1930년대 후반, 1940년대에 신사참배 체제가 고착화되는데, 그 이전에 본래 우리 안에서 자발적으로 복음을 수용하고 긍정적인 역할을 했던 흐름들이 있습니다. 김교신이나 이현필, 유영모, 함석헌 같은 분들을 비롯해서 많았습니다. 그럼 흐름들은 굉장히 귀합니다. 그리고 비록 근대화 개발 과정이지만, 그 안에서 《일하는 사람들을 위한 성서연구》를 쓴 하종강 선생님 같은 분들, 도시산업선교회, 영등포산업선교회에서 노동운동의 여러 문제들에 대해 긍정적 역할을 해준 적이 많습니다.

그런데 중요한 것은, 1990년대 후반부터 형식적인 민주화가 일어났습니다. 김대중 선생님이 천주교인이었고, 이희호 여사가 기독교인이었습니다. 그전에 김영삼 장로도 있었습니다만, 이렇게 되면서 역설적으로 교회가 권력과 더 손잡게 되었습니다. 그리고 소위 밖에서 야권으로, 야성을 가지고 운동을 해온 분들이 권력 친화적인 성향을 갖게 된 것입니다. 그것이 교회를 건강하게 하는 동력을 더 빨리 쇠진하게 만들고, 쇠락하게 하는 계기가 되었습니다. 그 사람들은 그 사람대로 망하고, 본래 나쁜 짓 하던 사람들은 더욱 나쁜 짓을 하게 되는 이상한 형태가 되고 말았습니다. 바닥에서는 긍정적인 역할을 했는데, 위로 올라가서 권력과 가까워지고, 힘을 갖게 되고, 돈이 많아지면 교회는 타락합니다.

교회는 끊임없이 광야에 있는 교회가 되어야 합니다. 나그네로 떠도는 교회가 되어야 합니다. 70년대 한국 교회가 어려웠을 때, 교회들은 천막 교회를 만들기도 하면서 많은 사람들을 도왔습니다. 그때는 맘몬주의나 천민자본주의가 있었음에도 가난했기 때문에, 가난한 자와 연대했기 때문에 교회가 그나마 동력을 갖고 있었던 것입니다. 지금은 너무 부유해졌습니다. 가난한 상황에서도 마음의 동기는 부자가 되고 싶기에 성공주의에 빠져들게 된 것입니다.

아나뱁티스트들이 있었던 것처럼 한국 교회의 아나뱁티스트들이 있었습니다. 평화, 제자도, 공동체의 가치를 가지고 끊임없이 저항하며 복음의 본질을 지켜 나가고자 하고, 그 복음의 말씀대로 살고자 하는 무리들이 꼭 아나뱁티스트란 이름이 아니어도 계속 있어 왔고 앞으로도 있을 것입니다.

2부

한국 교회의 뿌리와
사회적 회심

만약 내가 배가 고프면
그것은 신체적인 문제이다.
그러나 내 이웃이 배가 고프면
그것은 영적인 문제다.

니콜라이 베르쟈예프

1장
신사참배 체제

어쩌다 한국 교회가 기능 장애의 상태요, 병든 상태요, 정상적으로 진리의 말씀을 옳게 분변할 수 없는 상태가 되었을까요? 어쩌다 맘몬신을 하나님이라 착각하고 하나님이라고 믿고 있는 것일까요?

많은 사람들이 한국 교회의 문제를 이야기합니다. 저는 역사적 뿌리를 찾아가고 싶고, 사회적인 성찰을 통해 한국 교회의 복음을 보고 싶습니다.

한국 교회의 복음이란 것이 하늘에 붕 떠 있는 것이 아닙니다. 우리가 알고 있는 복음은 구체적이고 역사적인 산물입니다. 그런 모습으로 예수님이 성육신하셔서 구체적인 이스라엘 땅 가운데 나타나셔서 어떤 구체적인 모습을 보고 말씀하셨듯이, 지금도 교회는 이 땅 가운데서 그런 모습을 갖고 있습니다. 그럼에도 예수님이 복음의 본질, 보편적인 본질, 진리성을 담보해 냈던 것처럼, 한국 교회도 우리가 갖고 있는 역사적 변양태 가운데서 복음이 갖는 본질을 지켜 나가야 하는데 뭔가 어그러졌다는 것입니다. 그 지점을 우리가 찾아가야만, 그게 어떻게 구조지어졌는지를 명백하게 밝혀야만, 쇠락해 가는 한국 교회가 새로워지는 근본적인 대안을 마련할 수 있습니다.

그 뿌리를 찾지 않고, 그냥 눈에 보이는 것만 터트리면 꼭 풍선 같습니다. 한쪽을 누르면 다른 쪽이 튀어나옵니다. 근본적인 대책이 아닌 것입니다.

〈복음과상황〉 2012년 1월 호에 '87년 체제'가 언급되었습니다. 당시 일어났던 운동들, 로잔언약 같은 복음주의권 운동들, 즉 1세대 운동원들이 지금 사라지고, 여러 가지 조직적인 어려움에 막혀 있다고 얘기한 겁니다. 그러나 우리를 규정하고 있는, 특히 한국 교회를 규정하는 근본적인 틀, 죄의 구조를 발견하지 못하고 있습니다. 왜냐하면 우리도 그 죄의 구조 가운데 있기 때문입니다.

한국 교회, 복음주의 운동권, 나아가 한국 사회의 현 위기의 원인은 더 근본적임을 밝히고자 합니다. 이 문제에 대해 제가 공부하고 고민해 가면서 저는 한국 교회의 잘못된 뿌리를 발견하게 됐습니다. 저는 그것을 신사참배 체제라고 합니다.

한국 교회의 신사참배 체제는 초기 기독교가 로마 제국의 국가 종교가 되면서 만들어지는 기독교국가 체제와 유사합니다. 다만 로마와 같이 중심부 기독교국가 체제가 아니라 준중심부/주변부 기독교국가 체제라는 차이가 있습니다. 로마 제국의 국가 종교가 된 초기 기독교는 제국의 체제에 순응하고 그 체제의 일부가 되면서 급격한 타락을 경험하게 됩니다. 한국 교회도 이와 비슷하게 국가종교화의 과정을 거칩니다. 그 역사적 과정을 살펴보겠습니다.

기독교국가 체제와 국가 종교화의 기원

최근 출간된 라인하르트의 책에서나 기독교국가 체제를 옹호하는 입장에서 크게 오해하는 것은, 콘스탄틴 체제나 콘스탄틴주의를 비판하는 신학자들이 로마 제국의 기독교국가 체제를 콘스탄티누스 황제 개인의 위치에서만 오는 결과로 돌리고 있는 것처럼 말한다는 것입니다. 콘스탄틴 체제는 콘스탄티누스 황제를 중심으로 그의 전후 시대에 작동했던 기독교의 회심의 변질과 그로 인한 국가주의와 기독교의 혼합주의를 이르는 말입니다. 기독교국가 체제를 비판하는 입장들이 콘스탄틴주의나 콘스탄틴 체제를 황제 개인의 문제로 책임을 묻고 있다는 이해는 심각한 오류입니다.

《회심의 변질》(대장간, 2012) 3, 4장에서는 라인하르트의 이런 이해나 비판이 얼마나 피상적인지, 국가주의를 비판하는 입장이 단지 신앙적 기호에 따른 감정적인 비판이 아님을 역사적 과정의 정교한 추적을 통해 규명해 내고 있습니다.

《만들어진 예수》(새물결플러스, 2011)에서 에반스는 기독교 정통신앙과 영지주의가 어떻게 전개되는지 자세하게 소개하고 있습니다.

이런 기존의 영지주의 논의에서 영지주의의 기원에 관해 한 걸음 더 나아갈 필요가 있습니다. 기독교국가 체제와 영지주의의 역사적인 상관 관계를 살펴볼 필요가 있습니다.

로마제국의 기독교국가 체제인 콘스탄틴 체제에 대한 비판이 깊이를 더하면서 기독교가 심각한 위협으로 맞닥뜨렸던 영지주의라는 혼합주의의 결정적인 배경에 대한 논의로 관심의 초점이 이미 움직이고 있습니다. 익히 기독교국가 체제는 소위 정통이라는 신앙의 수호 역할을 수행했고, 영지주의 도전에 긍정적 역할을 했다고 알려져 있습니다. 그러나 역사적인 고찰은 이런 성급한 결론을 유보합니다. 오히려 기독교국가 체제는 기독교 국가주의 형태로 회심의 변질을 가져왔습니다. 이교도들은 신앙의 이유가 아닌 다른 권력이나 부, 명예의 문제로 교회에 유입되면서 제대로 된 회심의 과정을 거치지 않으면서 오히려 교회 안에 영지주의를 강화한 측면이 있습니다.

이런 관점에서 볼 때 기독교 영지주의는 2, 3세기 이후 기독교국가 체제라는, 회심의 변질과 혼합주의가 성립하는 과정의 산물입니다. 2, 3세기 이후 기독교에 심각하게 도전했던 영지주의라는 혼합주의는 전적으로 지역적인 기독교 신앙의 토착화나 상황화, 헬라화의 결과물이라기보다는 적어도 상당 부분 기독교 신앙과 국가주의가 결합되는 과정에서 초기 기독교의 철저한 회심이 변질되면서 강화된 것입니다. 영지주의는 신학적인, 종교적인 혼합이기 이전에 역사적으로 국가주의와 기독교 신앙이 결합되면서 피할 수 없었던 기독교국가 체제라는 혼합주의의 역사적 결과물입니다.

초대교회는 가르침들이 비교적 공유되고 순회 사역자들에 의해 건전함이 유지되었지만 제국의 종교, 황제의 종교로 기독교가 국가 종교화하자 이 건전성이 급속히 무너졌습니다. 재산과 명예, 권력이라는 기득권을 누리려는 자들이 대거 교회에 몰려들었고, 사회적 회심을 확인하는 최소한의 과정도 거의 생략되었습니다. 이교도 신앙이 교회에 들어왔습니다. 이런 회심의 변질에 결정적인 기여를 한 인물이 바로 콘스탄틴 황제이지요. 그는 정략적으로 교회를 이용했지만 죽기 직전까지 기본적인 입문 교육조차 제대로 받지 않았습니다. 세상 권력은 다 누리고 복음 가치대로 사는 제자로서의 대가는 치르지 않는 이 선례는 기독교국가 체제의 성립과 더불어 교회를 급속히 타락시켰습니다.

자생적으로 발생한 한국 교회

선교사들이 처음에 왔을 땐 직접 들어오지 못했습니다. 만주 지역에서 성경이 번역되고, 권서인들이 활발히 활동했습니다. 그때 가톨릭은 몰라도 개신교회 같은 경우는 자발적으로 생겨 났다고 보는 편이 맞는 것 같습니다. 외국인들을 통해 생겼다기보다 쪽복음이 전파됨으로써 말씀을 보고 깨닫고 알았던 사람들이 나중에 세례나 침례를 받는 변화들을 겪습니다. 한국 교회사 초창기를 읽어 보면, 선교사들이 들어와서 만든 것이 아닙니다. 천주교도 《천주실의》, 성경

번역작업을 했습니다. 우리나라 성경은 로스역이 최초인데, 만주에서 쪽복음으로 번역되어 권서인을 통해 조선으로 들어와 그것으로 전도하러 다닌 것입니다.

미국 선교사의 유입과 초창기 사역

그렇게 자발적이고 자생적으로 뿌리내린 한국 교회의 흐름들이 나쁜 것은 아니지만, 외국인 선교사들이 오기 시작했고, 당시 선교사를 가장 많이 파송했던 미국은 자본주의가 발전하면서 대학들이 많이 세워지게 되고, 중산층 교육을 받은 사람들이 갑자기 급증했습니다. 그러면서 과잉생산된 중간 지식인층이 취업을 할 수 없었습니다. 그래서 그분들이 많이 취업한 분야가 사실 선교사였고, 물론 선교사들이 다 그런 분들이라고 할 수는 없지만, 한국 선교 자원으로 많이 활용됐다고 볼 수 있습니다. 그렇게 한국 교회 선교가 됐는데, 어쨌든 주체적으로 자생적으로 복음을 잘 받아들이고, 우리 문화 속에서도 토착화든 뭐든 다양한 방식으로 수용해 간 것 같습니다. 한국인의 교육열, 혹은 선비정신이랄까 유교적 전통의 가치관들과 계급을 나누는 것은 맞지 않았지만 마을의 품앗이 공동체 전통 같은 다른 부분에서 기독교가 정서적으로 꼭 이질적인 것만은 아니었다는 것을 기억할 필요가 있습니다. 기독교가 전통 문화와 공명을 많이 했습니다.

초창기 미국 선교사들의 특징

미국 선교사들은 대부분 근본주의 계열의 선교사들이었고, 일종의 중산층 노동 잉여들이었습니다. 그들이 우리나라로 넘어오면서 전투적인 근본주의 신앙을 가르칩니다. 성속을 구별하는 이원론적인 신앙, 문자적인 근본주의적 신앙들, 근본주의 색채가 강한 신앙들이죠. 물론 초창기 때부터 소위 진보적이고 자유주의적인 신학도 많이 소개됐습니다. 게다가 본래 자생적으로 기독교를 수용했던 한국 기독교 세력들도 상당히 주체적으로 복음을 이해하는 흐름들이 많았습니다. 유영모, 함석헌, 이현필 등 한국 교회 초기부터 그런 인물들이 없었던 것은 아닙니다.

1907년 평양대부흥의 배경

초창기 이원론적이고 전투적이며 근본주의적 신앙임에도 그러한 신앙이 긍정적으로 잘 작용했는데, 그런 대표적인 역사적인 예 중 하나가 1907년의 평양대부흥입니다. 1907년 평양대부흥에 대한 수많은 분석과 논문들이 있습니다. 사실 하나님의 은혜로, 성령의 놀라운 은혜로 말미암은 운동이지만, 그 이면을 살펴볼 때 간과하는 측면이 있습니다.

사실 엄청난 숫자가 믿은 것은 아니었습니다. 그러나 평양 전체가 떠들썩하고 사회적으로 주목할 만큼 뚜렷한 변화를 일으켰기 때문에 대부흥이라고 하는데, 1890년대 후반, 1904~1905년에 평안도,

평양, 함경도 지역은 청일전쟁, 러일전쟁의 전쟁터였습니다. 그런데 우리나라를 실질적으로 지배하고자 야합을 벌였던 다른 제국이나 일본과 달리, 우리나라를 선교로 섬긴 나라는 미국입니다. 교회는 전쟁으로 목숨과 재산을 잃을 위협 속에 있었던 사람들을 보호해 주었습니다. 미국 선교사가 세운 교회는 일종의 치외법권 지역으로 간주되어, 전쟁 통에 어찌할 바를 모르던 사람들이 자신의 재산을 싸들고 교회에 피신하면 미국의 재산으로 인정되었기 때문에 교회까지 공격하지는 못했습니다. 그래서 사람들은 살고 싶어서, 또 재산을 보호받으려고 교회로 몰려들었습니다. 교회는 가난하고 억압받고 목숨을 잃을지 모르는 사람을 쫓아내지 않고 보호해 주었습니다. 무능한 나라가 지켜 주지 못했던 재산과 생명을 교회가 지켜준 것입니다. 이것은 아주 중요한 부분입니다. 그래서 당시 조선의 백성들에게 기독교란 계급 평등의 근대화 해방 공간이고, 보호 공간이고, 재산과 인명의 피난처 역할을 했습니다. 이렇게 해서 많은 사람들이 교회를 찾게 되었습니다. 그러자 선교사들의 마음도 달라졌습니다.

선교 초기만 해도 선교사들은 '악취가 나는 토속적인 음식을 마다하지 않았으며, 오막살이에서 새우잠을 자가며' 겸허한 자세로 조심스럽게 전도활동을 하였다. 그러나 1894년 청일전쟁이 발발하자…… 많은 사람들이 교회로 몰려들게 되자, 선교사들의 자세에도 변화가 있었던 것이다. 즉 1895년 이후 각 지방

마다 선교기지가 설립되고 교회가 자리를 잡자, 선교사들은 개
인 사택에 화려한 생활도구를 들여놓고 피서지까지 확보하는
등 초기 선교사들의 겸허한 모습이 점차 사라졌던 것이다. (한국
기독교역사연구소, 《한국기독교의 역사 Ⅰ》, 기독교문사, 268쪽)

평양대부흥의 중요한 세 가지 동력

이런 상황 가운데 1907년 평양에서 시작된 대부흥운동을 일으
킨 동력이 되는 세 가지 중요한 모델이 있습니다. 첫째, 다른 교파나
교단에 있던 선교사들이 경쟁적으로 선교했던 자신의 모습을 회개
하면서, 평양 지역의 지역적인 일치, 교단을 넘어서는 선교적인 연합
과 일치를 먼저 이루었습니다. 평양대부흥이 있기 전부터 한국에 선
교하러 왔던 선교사들이 한데 모여 연합기도를 했습니다.

1903년 원산에서 열린 기도회가 그것이었다. 원산 지역에서 활
동하던 감리교 선교사들은 중국에서 선교활동 하던 화이트(M.
C. White) 여선교사의 내한을 계기로 기도회를 가졌다. 이 모임
은 곧 장로교 선교사 및 일부 한국 교인 그리고 침례교 인사들
까지 참석한 연합기도회 모임으로 발전하여 원산 창전교회에서
계속되었다. (한국기독교역사연구소, 《한국기독교의 역사 Ⅰ》, 기독교문
사, 268쪽)

둘째, 토착 리더십과 선교 리더십의 갈등이 있었는데, 양편에서 서로 겸손하게 인정하고 화해하고 화합하는 과정이 선행되었습니다.

그런데 기도하던 가운데 캐나다 출신 의료선교사였던 하디(R. A. hardie) 선교사가 자신의 무력함을 고백하는 통회의 기도를 하였다. 바로 이것이 부흥운동의 발단이 되었던 것이다. 그는 …… 사역의 실패의 원인이 자신의 신앙적인 허물, 곧 한국인 앞에 백인으로서의 우월의식과 자만심에 찼던 권위주의에 있었음을 고백하였다. …… 아무튼 하디 선교사의 회개로 가득 찬 고백 은 이날 참석한 모든 사람들에게 감명과 은혜가 되는 한편 하디 선교사 자신에게는 놀라운 성령의 임재를 체험하는 계기가 되었던 것이다. 한 선교사의 고백적 기도가 발단이 된 이 운동은 그 후 평양 일대와 전국 각지의 부흥운동과 회개 운동으로 퍼져 나가기 시작하였다. (한국기독교역사연구소, 《한국기독교의 역사 Ⅰ》, 기독교문사, 268~269쪽)

다음은 1907년 1월 15일 마지막 집회 때의 일입니다.

길장로(길선주)의 설교가 있은 뒤 집으로 돌아갈 사람은 돌아가라고 했다. 그러나 6, 7백명이 기도하기 위해 남아 있었다. 우리와 몇몇 선교사들은 길 씨와 주 씨 두 사람을 위해 특별 기도를 했다. 그들은 그들의 생활에서 회개할 것이 있었기 때문이었다. 그런데 갑자기 길 씨가 일어나 자신은 형제들을 질시했을 뿐만 아니라 특히 방위량(W. N. Blair) 선교사를 극도로 미워했음을 회개한다고 하며 보기에도 비참할 정도로 땅바닥에 굴렀다. (길진경, 《영계 길선주》, 종로서적, 192~193쪽)

셋째, 그런 과정 속에서 성령께서 임하셨고, 민초 대중들의 사회적이고 실천적인 놀라운 회개의 역사가 일어났습니다.

한 교인이 일어나 자신의 죄를 자복하기 시작했는데 그는 음란과 증오, 특히 자기 아내를 사랑하지 못한 죄뿐만 아니라 일일이 다 기억할 수 없는 온갖 죄를 자복하였다. 그는 기도하면서 스스로 억제할 수 없을 정도로 울었고 온 회중도 따라 울었다. 우리는 그 순간, 살아 계신 하나님 앞에 있음을 분명하게 느꼈다. (길진경, 《영계 길선주》, 종로서적, 192~193쪽)

사경부흥회 기간에 있었던 회개의 역사는 이러한 개인의 내면적 죄만을 고백하는 데에 그치지 않았다. 거듭나는 중생의 체험이 그러하듯 사회 도덕적으로 이웃에게 피해를 입힌 행위에 대한 깊은 뉘우침과 용서를 비는 실천적인 회개운동도 함께 진행되었다. 예컨대 남에게 신체적, 재정적 손실을 입힌 사람들은 이

날의 성령 체험을 계기로 피해 입은 사람들을 찾아다니며 손해를 배상하고 사과하는 구체적인 변화의 모습도 적지 않게 나타났다. (한국기독교역사연구소, 《한국기독교의 역사 I》, 기독교문사, 269~270쪽)

마치 삭개오의 회개를 연상케 합니다. 평양대부흥에서 이 세 가지 모델을 놓쳐서는 안 됩니다. 이것은 초창기 한국 교회가 갖고 있던 엄청난 동력입니다. 선교사들, 곧 지도자들의 연합, 지도자들의 회개, 사회 도덕적인 실천적 회개 운동과 함께 놀라운 성령의 역사가 있었습니다.

대부흥 동력의 왜곡과 훼손

그러나 이러한 동력들이 시간이 지나면서 왜곡되고 훼손되기 시작합니다. 특히 미국의 중산층 신앙과 근본주의 신앙을 갖고 있던 선교사들 중 몇몇 분들이 선교보다는 선교 자원을 활용해서 자기 재산을 축적하거나 확보하는 일들을 했습니다. 그리고 일제의 탄압이 강해지면서, 한국에서 활동한 선교사들의 일본에 대한 태도는 적극적인 충성과 협력 그리고 무관심이었으며, 일제 당국과 기독교 및 교회 재산을 보호한다는 명분 아래 도탄에 빠지고 어려움에 빠진 이 나라 백성을 외면하고, 사회적 현실을 외면하고, 신앙과 정치를 분리하는 신앙의 이원론을 강화했습니다. 정치적 발언 같은 것을 못 하게 한 것입니다. 이게 근본주의 신앙의 이원론입니다. 그러한 구조가 형성되기 시작했습니다. 그리고 한 재산 불려서 미국으로 가는 선교사들이 많았습니다. 탄광, 금광 등 여러 사업을 했던 것입니다. 우리가 생각하는 것처럼 선교사들이 다 착한 것은 아니었습니다. 그리고 그들이 신앙을 보호한다는 명분 아래 총체적 복음의 관점에서 보면, 매우 중요한 핵심을 잃게 만들었습니다. 삶의 총체성, 일상 전체에서 악한 정사와 권세와 대항하는, 일제의 군국주의 파시즘에 대항하는 그런 요소들을 철저하게 잊어버리게 했습니다. 그리고 그런 역사적 구조, 신앙 구조, 정신 구조가 지금도 한국 교회에 똑같이 있습니다. 극복하지 못한 채 그대로 있습니다. 이 역사적인 구조가 바로 신사참배 체제입니다.

제국적 불일치

미국이 제국으로서 많은 나라에 기독교를 전파했지만, 자랑하는 것처럼 그렇게 성공적인 선교라고 할 수는 없습니다. 그러나 우리나라에서는 미국의 선교가 성공했습니다. 왜냐하면 우리나라는 아주 특수한 역사적 상황이 발생했기 때문입니다. 기독교를 선교하는 국가(제국)와 식민지 한반도를 지배하는 제국이 달랐습니다. 일제가 우리를 지배했는데, 기독교는 미국이 주로 선교했습니다. 만약 지배국도 미국이고 선교국도 미국이었다면, 다른 곳처럼 선교가 잘 이루어지지 않을 가능성이 높습니다. 사랑의 종교라고 복음을 말하면서 탄압하고 때리고 감옥에 보낸다면, 그 종교 믿겠습니까? 저거 거짓말이다! 믿지 말자 했을 겁니다. 만약 일본 선교사가 왔다면, 당연히 잘 안 됩니다. 물론 힘으로 밀어붙일 수는 있습니다. 그런데 일제 강점기 일본 기독교가 한국에 미친 영향, 이 부분에 대해서는 연구되지 않은 것이 사실입니다. 일본 기독교 연맹이나 일본 천주교 연맹이 한국 교회에 상당한 영향을 주었습니다. 그 점에 대해선 이쪽에 관심 있는 분들의 과제라고 생각합니다.

이것을 저는 제국적 불일치라고 부릅니다. 선교국과 지배국이 분리되는 현상입니다. 즉 일제라는 군국주의 군사동원 체제인 식민지 지배 제국과 선교 제국이 분리되는 제국적 불일치가 전개됩니다. 이것이 기독교를 해방 공간과 근대화 공간으로 인식하게 하는 계기로 기막히게 작용하여 선교적 성공 가능성을 높여 주었고, 놀랍게도 한국은 선교가 성공했습니다. 모순덩어리 선교였고, 우리나라 자체적인 한계가 많았음에도 1907년 평양대부흥과 같은 사건을 통해 우리 안에 건강한 신앙의 동력, 즉 자발적이고 자생적인 힘이 추동되기 시작했습니다. 이러한 불일치의 상황이 광복을 맞이할 때까지 계속 유지됩니다. 이 상황에서 기독교는 1930년대 들어 귀신을 섬기는 일제 때문에 노골적으로 국가 종교가 되지는 못하지만, 신사참배를 통해 군국주의적 군사동원 체제에 순응하고 일제의 살아 있는 국가 신을 모신 신사에 참배함으로써 국가주의 종교로 변질되면서 콘스탄틴적인 혼합주의 기독교 국가 체제-국가주의의 한 측면을 지니게 됩니다.

국가주의에 기독교 신앙이 혼합된 모습이 시대가 바뀌었음에도 여전히 계속 역사적·영적인 흐름으로 흘러가고 있습니다.

일제강점기 신사참배 체제의 실상

일제는 1931년부터 만주와 중국 본토 등 대륙 침략을 본격화하면서 한국인의 정체성을 말살하여 일본의 전쟁을 위해 한국인을 마음대로 동원하려고 전시戰時 식민지 정책의 일환으로 황국신민화 정책을 펴는데, 신사참배는 이를 대표하는 상징적인 사건입니다. 신도神道는 일본인들의 정신생활의 기반이 되는 민족 신앙입니다. 신도는 제사와 기도 등 여러 가지 종교적 요소를 포함하고 있고, 일반 민중은 신도를 종교로 여기고 있습니다.

일제는 조선총독부를 설치하며 신사 설치를 장려했고, 서울 남산에 조선신궁까지 세웠습니다. 1931년 만주사변 이후부터 국민정신 총동원을 위해 본격적으로 신사참배를 강요합니다.

이런 신사참배에 거부한 분들이 있긴 합니다. 그러나 그분들은 주기철 목사처럼 투옥당하고, 죽어 갔습니다. 또한 거기에 거부했던 고신이나 침례교의 전신인 동아기독교회 등의 교단들은 국가의 수혜를 받지 못해 지금도 성장하지 못하고 있습니다. 동아기독교는 신사참배를 거부하면서 교단 자체를 해체합니다. 실제로는 해체당한 것입니다. 주류 기독교 거의 대부분이 신사참배에 참여합니다. 우리는 신사참배 체제에 적극 참여한 주류들의 영적인 후손입니다. 신사참배를 참배에 참여한 측에서는 국민요례, 신사요례라고 간단히 둘러치는데, 그냥 국민의례 수준이 아니었습니다. 신당을 모셔 놓고 거의 이방신에게 제사드리는 수준이었습니다. 심각한 죄인 겁니다.

한국 교회는 이 부분에 대해 회개할 본질적인 죄라는 생각을 하지 않습니다. 또한 이 신사참배 체제 문제에 있어 좌우가 없었습니다. 김재준 등도 장로교가 두 진영으로 나뉘기 전에 총회에서 신사참배를 결의했습니다. 진보든 보수든 다 결의하고 거기 참여했다는 것입니다. 신사참배 체제는 일왕을 모신 신사에 절하는 것만 지칭하는 것이 아니라 일제 군국주의 파시즘의 하부동원 체제에 적극 가담한 것을 모두 포함하는 개념입니다. 교회가 일제에게 멸사보국행위라는 명분 아래 사람들을 전쟁에 동원하고, 멀쩡한 교회 건물을 팔아 국방 헌금하고, 징병 모집에 적극 응하고, 위안부도 보내고, 돈 모아 비행기 헌납하고 이런 일을 교단 차원에서 조직적으로 했다는 것입니다.

이건 개신교만이 아니라 가톨릭도 똑같았습니다. 가톨릭은 노기남 주교란 분이 많이 주도하셨습니다. 이 주교의 주교 취임예식에 복사를 하신 분이 지금의 정진석 추기경입니다. 친일 양상이 조직적인 것은 가톨릭도 똑같았습니다.

《친일인명사전》(민족문제연구소, 2009) 49~50쪽을 보면, 기독교인들이 어떻게 친일을 했는지, 어떤 식으로 신사참배했는지 자세히 기록돼 있습니다. 이렇듯 자료가 다 있는데도 이야기하지 않는 이유는 힘 있는 사람들이 연관되어 있기 때문입니다. 지금까지 이 부분은 한국 교회사의 아킬레스건이어서 금지의 영역입니다. 말하지 못하는 영역이었으나, 이젠 이 죄악을 구체적으로 얘기해야 할 것 같습니다. 가장 심각한 죄일수록 말하지 못하게 막아 버립니다. 별로 중요하지 않은 것처럼 지나가 버립니다. "신사참배 했다" 하고 끝납니다. 그것이 얼마나 큰일인지 생각하지 않고, 그 영향력이 얼마나 끔찍한지 생각하지 않고 말입니다. 신사참배 체제의 구조가 지금까지 지속되면서 교회를 병들게 하고 있는데 그걸 보지 못하게 하고, 한국 교회의 문제에 대한 수많은 진단이 무용지물이 되게 하고 있습니다. 그 문제 안에 한국 교회의 주요한 모순들이 내재되어 있습니다. 거기서부터 잘 풀지 않으면, 현재 우리의 모습을 진단할 수 없고, 제대로 된 대안도 생각할 수 없습니다.

이러한 자료들을 통해 알 수 있는 것은, 기독교 및 가톨릭의 신사참배는 단순한 신사참배에 그치는 것이 아니라 일본의 제국 질서, 군국주의 동원 체계, 국가주의와 신앙이 혼합된 콘스탄틴적 혼합주의가 기독교국가 체제에 포섭되는 상징적인 사건이었고, 이 일제 군국주의 파시즘 하부동원 체제인 신사참배 체제가 인적·물적으로 전혀 청산되지 않은 채 지금도 모습을 달리해 그대로 지속되고 있다는 사실입니다. 유신 개발 독재는 일제 군국주의 파시즘의 근대적 재현이고, 박정희의 딸이자 유신독재의 당사자인 박근혜는 이 신사참배 체제가 우리 사회에 깊게 뿌리내렸음을 보여 주는 또 하나의 상징물입니다. 그리고 그 힘을 활용하여 즉 악한 정사와 권세와 결탁한 교권주의자들이 국가의 권력을 활용하여 교회 안에서 자기 지위와 재산을 보호받고 유지해 나가며, 그 대가로 끊임없이 정신분열적인 신앙의 이원론 구조로 국가 이데올로기에 부응합니다. 신앙을 이데올로기화하여 극도로 정치적인 행동을 하면서 사회정의를 위한 정치적 참여가 비신앙인 것처럼 끊임없이 비방하는 지극히 정치적인 행위를 노골적으로 일삼으며, 복음대로, 말씀대로 사는 제자들을 오히려 비난하는 제자도의 왜곡, 정신분열적인 기복신앙, 번영신학의 정신구조를 만들어 냈습니다. 이것이 바로 신사참배 체제입니다.

로마서 13장 1절

각 사람은 위에 있는 권세들에게 복종하라 권세는 하나님으로부터 나지 않음이 없나니 모든 권세는 다 하나님께서 정하신 바라(롬 13:1)

로마서의 이 말씀은 정사와 권세, 정치에 대한 성경의 무수히 많은 말씀 중 하나로, 그 구절 하나를 '절대적인 원칙'으로 고수하고 가르치는 태도는 제자도의 측면에서 균형 잡힌 통합적 관점이 아닙니다. 이 말씀은 바울이 로마의 성도들에게 목회적인 관점에서 조언하는 구절입니다. 어떤 경우나 어떤 상황에서도 권세에 복종하라고 가르치는 말씀이 아닙니다. 일부 사람들이 "어떤 경우, 어떤 상황에서든 절대적으로"라는, 본문에 없는 전제를 끼워 넣어 해석하고 있을 뿐입니다.

구약에서 왕을 세우고 세속적인 정치권력을 세우는 과정을 살펴보면, 사무엘이 분명히 말하듯이, 하나님의 원래 의도가 아닙니다. 하나님은 이스라엘을 다스리는 진짜 왕이시고 이 백성들은 온전히 하나님만 섬겨야 했습니다. 이스라엘은 주변의 힘 있어 보이는 국가들처럼 왕을 요구합니다. 하나님은 고통 당할 것이라고 경고하시면서 이 땅 가운데 주님으로 오실 예수 그리스도 때까지 한시적으로 임시방편으로 이스라엘에게 왕, 세속적인 정치권력을 허락합니다.

하나님이 임시방편으로 허락하신 왕이나 세속 권력은 하나님 나라의 가치와 질서를 지키는 임무를 수행해야 그 존재 이유가 있습니다. 하나님은 구약에서 왕을 세우기도 하지만 하나님의 법, 율법을 어기는 왕과 권력자들을 무너뜨리고 폐하시기도 합니다. 비록 하나님이 모든 나라의 연한과 경계를 궁극적으로 정하시기는 하지만 인간들이 참여하는 역사적인 과정을 통해 이스라엘 정치공동체의 자율적인 정치적 결단과 하나님의 뜻을 전하는 선지자들의 외침을 통해 정치적인 상호작용을 일으켜 정권을 세우기도 하시고 폐하기도 하시는 겁니다.

따라서 '위에 있는 권세'가 '하나님으로부터 난 권세라는 정당성'을 부여받기 위해서는 온 세상의 주님이신 예수 그리스도의 말씀과

율법의 가치와 질서를 지키고 어기는 자를 벌주는 한계 안에 있어
야 합니다. 만약 세속 권력이 하나님의 말씀, 하나님 나라의 가치와
질서를 이탈하면 그 권력은 시작이 어떠했든 정당한 권력이 아니고,
하나님은 악한 왕과 세속 권력을 시민들의 정치적 참여라는 역사적
과정을 통해 폐하십니다.

세속 법인 헌법은 이런 원리를 불법적인 폭력을 행사하는 정권에
대한 국민의 정당한 기본권의 행사인 저항권으로 보장하고 있습니
다. 저항권의 발동 요건과 행사 방법은 역사적인 현 상태에 대한 가
치판단에 따라 조금씩 달라질 수는 있지만 역사를 통해 권세를 세
워 나가는 하나님 나라의 원리 가운데 있습니다.

따라서 기독교인이 응원 기도를 했다고 정당한 정권이 되거나 하
나님이 세운 권력자가 되는 것은 아닙니다. 공의와 정의가 하수같이
흐르기를 소망하며 철저히 하나님 나라의 백성으로 세속적인 질서
나 권력 이전에 주님께 먼저 복종하는 제자들의 거룩한 정치적 영
성, 비폭력 직접행동을 바탕으로 한 시민 불복종을 통해 하나님은
정당하지 않은 세속 권력을 무너뜨릴 것입니다.

저희가 왕들을 세웠으나 내게서 말미암지 아니하였고 저희가

방백들을 세웠으나 나의 모르는 바며 저희가 또 그 은, 금으로

자기를 위하여 우상을 만들었나니 파멸을 이루리라 (호 8:4)

하나님으로부터 나온 모든 권세는 하나님의 공평과 정의에 복종해야 합니다. 정당한 권세를 거스르는 것은 하나님의 명을 거스르는 일입니다. 하지만 불의한 권세와 권력을 참칭하는 자는 결코 복종의 대상이 아닙니다. 불의한 권세는 하나님의 정당한 권세에 따라 거부되어야 합니다. 어떤 국가나 독재정권이든 다 하나님이 세운 것이라는 말은 일제 강점기 군국주의 파시즘의 군사 동원 하부 체제에 포섭되었을 때 교회가 자기 합리화를 위해 사용했습니다. 왕이나 권세는 하나님이 세우신 것이기 때문에 하나님 나라의 율법 공평과 정의에 복종해야 합니다. 권세는 하나님의 법에 따라 권한을 행사할 때 하나님이 세운 권세입니다. 일제도 망했고 유신 개발 독재도 망했습니다. 그러면 누가 도대체 이 권세를 없앤 것인가요? 세우시는 이도 하나님이니 무너뜨리는 이도 하나님이십니다. 그런데 이 과정을 하나님은 인간들이 참여하는 역사의 과정을 통해 하십니다. 로마서 13장의 몇 구절을 곡해하여 성경 전체를 통해 하나님의 법에 권세가 복종해야 함을, 나아가 세상 권세에 대해서도 하나님 나라의 공평과 정의에 따라 하나님이 세운 권세인지 살펴보아야 함을 망각하는 어리석음을 더 이상 범하지 맙시다. 하나님이 세상 권세의 주인이시고 세상 권세는 하나님의 법, 공평과 정의에 복종해야 합니다. 우리는 불의한 세상 권세를 따르는 자가 아니라 하나님 나라의 공평과 정의를 따르는 주님의 제자들입니다.

국가 권력-권세에 대한 성서의 가르침들을 정리하면 다음과 같습니다.

하나, 모든 권세는 하나님으로부터 나옵니다. 따라서 하나님의 공평과 정의를 따르지 않는 권세는 하나님이 세우신 권세가 아닙니다.

둘, 세상의 권세는 하나님이 본래부터 창조하신 제도가 아니라 인간의 불완전한 구조를 하나님이 인정하고 용인하신 한시적인 것입니다.

셋, 하나님이 용인하신 권세-국가 권력과 개별적인 각 정권은 구별됩니다. 하나님이 용인하신, 한시적으로 정당한 권세를 가진 국가 제도 자체와 국가의 기능을 부분적으로 수행하는 정권 담당자는 다릅니다.

넷, 악을 선으로 이기라는 말씀은 산상수훈과 하나님 나라의 공평과 정의에 비추어 볼 때 부당한 현실의 불법적인 권세에 비폭력 주권자 직접행동으로 저항하는 것입니다. 시민 불복종이나 여러 수단을 통해 부당성을 알리고 거부하지만 재판의 결과나 사회질서의 기본적인 원칙들을 따르는 것입니다. 재판 과정의 부당성에 대해서도 시민 불복종이나 헌법이 보장한 기본권인 저항권을 행사할 수 있을 것입니다.

제국적 불일치와 제국적 일치

기독교 선교국과 식민지 지배국이 각각 다른 '제국적 불일치' 구조에서 일제에 교회가 협조하면서 사회적·정치적 영역에서 하나님의 공평과 정의를 실천하고 말하는 것이 제한된, 신앙의 이원론 구조가 역사적 과정을 통해 교회에 내면화되었습니다. 이것이 한국 교회의 식민지적 무의식입니다. 식민지의 노예적 무의식 구조가 우리 안에 들어와 있는 것입니다. 한국 교회의 이원론은 미국의 근본주의 신앙과 일제 군국주의 파시즘이 만나서 만들어 낸 한국 특유의 신사참배 체제로, 역사적으로 구조화된 것입니다. 서구에서 수입된 기독교 세계관이나 이론들로만 극복될 문제가 아닙니다.

우리 현실, 우리 기독교 역사에 대한 인식이 없는 대안 제시는 공허할 뿐입니다. 기독교 신앙의 원형을 회복하는 일에 앞서 우리의 '신사참배 체제'에 대한 역사적인 성찰이 선행되어야 합니다. 초대 기독교로 돌아가자는 식의 인식의 비약과 점프는 개혁진영조차도 사로잡혀 있는 이데올로기적인 인식 틀의 한계를 그대로 드러냅니다. 정작 맘몬, 국가와 자본이라는 문제의 핵심에서는 사고는 멈추고 백지 상태가 됩니다. 일종의 지적 장애입니다. 이런 지적 장애는 거의 필연적으로 교회의 실천적 장애로 이어집니다.

선교국과 지배국이 서로 달랐던 것을 제국적 '불일치'라고 한다면, 제국적 '일치'란 선교국과 지배국이 일치하는 해방 공간 이후의 역사적 구조를 말합니다. 해방 공간에서 한반도의 새로운 지배자로 등장한 미국은 표면적으로는 정교분리를 원칙으로 하나 실질적으로는 '기독교 국가'였습니다. 선교국과 지배국이 분리되었던 '제국적 불일치'가 해방 공간에서는 미국이 지배국인 동시에 선교국인 '제국적 일치'로 바뀝니다. 이젠 선교국과 점령국이 똑같아진 겁니다. 기독교의 노골적인 국가 종교화의 한 측면이 이 제국적 일치를 통해 완성됩니다.

제국적 일치, 국가 권력과 교회

한국 교회는 일제에 적극 협조했기 때문에 해방 공간에서 살아남으려고 이제 노골적으로 친미주의자로 변했습니다. 왕의 종교, 즉 대통령의 종교가 국가의 종교가 된 겁니다. 초대 대통령 이승만은 기독교도였습니다. 그리고 자신의 국내 기반이 약한 것을 알았던 이승만은 일본에 부역했던 기독교 세력에게 면죄부를 주고, 이들을 복권시킵니다. 이 사람들이 이런 식으로 살아남습니다. 당시 인구의 1퍼센트에 해당하던 기독교인이 정부 요직의 20퍼센트까지 차지했습니다. 이 과정에서 북에서 내려온 신사참배 세력들은 친일의 면죄부와 일본이 남기고 간 재산, 즉 적산을 접수합니다. 지금의 영락교회 자리는, 제주 4·3사건에서 양민들을 학살한 서북청년단이 주축이 되어 해방 공간에서 미군정으로부터 일본의 적산을 무상으로 불하받아 지금의 모습에 이른 것입니다.

그 밖에 이승만 정권 시절에 받은 특혜들이 많습니다. 가장 대표적인 것이 1951년에 다른 종교의 참여가 불가능한 상황에서 군대 내 군종 제도를 도입한 것, 국가 의례를 기독교식으로 제정한 것, 국영방송을 통해 선교 활동을 허락한 것, 성탄절을 공휴일로 제정한

것, 광화문의 감리교회관 자리의 대지 확보와 건축 허가에 국가가
특혜를 준 것 등 무수히 많습니다. 이렇게 특혜를 받으면서 한국 교
회는 일제 군국주의 파시즘에 그랬던 것처럼 미군정의 한반도 지배
에 적극 협조합니다. 이 해방 공간의 적응을 통해 그야말로 로마의
기독교국가 체제와 같이 한국 교회가 무기력하게 순응되고 포섭되었
습니다.

남쪽의 기독교인들은 미군정 및 이승만을 지지하면서 특혜에
가까운 여러 가지 혜택을 누렸다. 선교사와 미국 유학의 영향
을 받은 대부분의 교회 지도자들은 미국을 해방 후 국가 건립
의 전형으로 삼을 정도로 친미국적이었다. 공산주의 정권을 피
해 남하한 보수적인 한경직이나 공산주의를 포용한 통일정부
를 생각한 진보적 김재준이나 친미국적이기는 마찬가지였다. 월
남한 서북지역 인사들이 중추적인 역할을 담당했던 이승만 정
부는 철저한 반공주의를 견지했다. 반공주의를 종말론 신학과
연결시킨 일부 교회 지도자들은 전쟁 전부터 "북진통일"을 주
장하여 반공, 멸공의 선봉에 섰으며, 전쟁 중에는 휴전을 끝까
지 반대했다. 6·25 전쟁은 남한과 북한 사람들에게 각각 공산
주의와 미국(및 기독교)에 대해 좀처럼 극복하기 어려운 증오심
을 심어놓았다. 정치적, 이념적으로뿐 아니라 심정적으로도 분
단이 고착된 것이다. 전쟁 후 김재준이 공산주의에 대한 동정심

을 "망상"이라고 단정한 것은 이런 변화를 극명하게 보여주었다. 남한의 기독교인들은 신학적 진보와 보수를 불문하고 모두 철저한 반공주의자가 되었다. 6·25전쟁에 미국이 주도적으로 개입하고 교회를 통해 대대적인 구호 활동을 함으로써 교회의 친미주의는 더욱 강화되었다. (류대영, 《한국 근현대사와 기독교》, 푸른역사, 369쪽)

그리고 해방 공간에서 일제에 항거하며 귀신을 섬기지 않겠다고 저항한 사람들을 다 제명하거나 치리합니다. 일사각오로 신사참배 거부했던 주기철 목사님이 1997년에야 겨우 복권됐습니다. 신사참배 체제에 저항하던 분들이 오히려 주류 교단에서 정죄받은 죄인이 된 겁니다. 그것이 친미주의자로 변신한 권력과 결탁한 교권파들의 횡포입니다. 한경직 목사는 신사참배 체제에 대한 역사적 과오가 있다며 죽기 2년 전에 비공식적이고 개인적으로 회개했으나, 그 회개에 마땅한 대가를 치른 것은 아닙니다.

신사참배 체제의 문제에 대해 어떤 분들은 알면서도 침묵했습니다. 신사참배 체제의 문제를 부분적으로 다룬 분들이 있는데, 그분들은 한국 교회에 극히 소수입니다. 가물에 콩 나듯이 교회사의 관점에서 신사참배 문제를 다룬 학자들이 있습니다. 최덕성 교수의 《한국교회 친일파 전통》(지식산업사, 2006)이 그래도 신사참배의 문제를 참회하는 심정으로 자세히 다루고 있습니다. 양낙흥 교수도

《한국장로교회사》(생명의 말씀사, 2008)에서 신사참배 문제를 다룹니다. 이제는 이 신사참배 체제에 대해 우리의 죄악을 통회하는 심령으로 분명하게 말할 수 있어야 합니다.

기독교는 명실상부 지배 권력의 국가 종교가 되었고 지금까지도 그 양상이 달라지지 않았습니다. 한국 기독교는 실질적으로 기독교 제국인 미국의 영향으로 국가 권력과 직접 연결된 국가 종교입니다. 콘스탄틴적인 혼합주의, 일제 군국주의 파시즘이라는 국가주의, 기독교 국가 체제의 두 가지 측면이 이렇게 완성됩니다. 하나는 군국주의 동원 체계로 들어가 있는 것, 또 하나는 지배 권력의 종교가 기독교가 되는 것입니다. 일제시대에는 신사참배를 하고, 군국주의 파시즘의 하부동원 체계가 되긴 했지만, 명시적으로는 지배자의 종교(신사)가 기독교는 아니기 때문에 노골적으로 기독교가 국가의 종교가 되지는 못했습니다.

그러나 이후 제국적 일치의 구조 속에서 국가 권력과 노골적으로 결합한 교회의 교권주의자들을 중심으로 국가주의에 순응한 대가로 국가 권력이라는 외부의 힘을 이용해서 교회 내의 자신의 재산과 지위를 유지합니다. 그리고 정치 목사들에 의해 교회가 정치권력의 힘에 호소하는 악순환이 반복됩니다. 그 대표적인 역사적 구성물이 조찬기도회와 한기총입니다. 이들에게 우리 교회를 대표하라고 위임해 준 적이 없는데 대표랍니다. '힘을 추구하는 권력의 악순환'이 이렇게 형성됐습니다. 예수 그리스도의 복음은 십자가 가운데 가장 약한 방식으로 세상 가운데 자신의 강함을 드러냅니다. 그런데 거꾸로 힘에 호소해서 복음을 전하고자 합니다. 하나님이 주신 적이 없는 인간들의 힘에 사람들이 저항하고 있습니다.

미국제 천민자본 복음주의 체제

제국적 불일치와 일치 속에서 국가주의와 타협해 신앙의 동력을 상실한 한국 교회의 신앙은 개인의 입신양명과 물질 추구를 합리화하는 체계로 변질됩니다. 이 과정을 통해 한국 교회의 신앙은 국가와 자본에 친화적으로 변모합니다. 사실 국가주의라는 것은 자본주의의 다른 이름입니다. 이것은 특히 우리나라 선교와 미국제 천민자본주의의 종교판인 미국제 복음주의의 영향이 아주 큽니다. 이후 철저히 미국의 종교 시장주의에 영향을 받아 한국 교회는 성장주의, 맘몬주의를 노골적으로 추구합니다. 하나님 나라의 공평과 정의는, 불의한 권력에 협조하고 권세와 노골적으로 야합해 파편화된 개인의 부를 추구하는 기복신앙, 번영신학을 주장하는 자들에 의해 철저히 무시됩니다. 이렇게 국가주의에, 국가 권력이라는 우상에 포섭되어 신사참배 체제로 구조화된 우리의 신앙은 지금까지 변함이 없습니다. 역사적인 구조가 그렇게 만들어져 있습니다.

이렇게 형성된 우리의 사회적 구조에서 신앙 이원론은 국가 영역, 사회 영역에 가면 사고가 멈춰 버립니다. 세계관의 문제나 세련된 이론이 없어서가 아닙니다. 그런 삶을 강요받는 역사적인 구조, 정신분열적인 신앙의 이원론을 강요하는 구조에 갇혀 있기 때문에 그렇습니다. 국가에 충성하고 개인 자신의 복을 보장받는 거래 관계가 그 구조입니다. 국가에 충성한 대가로 얼마든지 기복적이고 이기적인 신앙 양태를 합리화하게 됩니다. 이 틀은 실은 국가주의의 옷을 입은 자본의 질서, 맘몬주의입니다. 그 틀을 구조적으로 깨는 것을 생각하지 않는다면 아무리 노력해도 한국 교회의 몰락을 피할 수 없습니다.

사라져 가는 동력들

신사참배에 참여했던 교단들과 달리 저항했던 무리들은 잘했느냐? 놀랍게도 이들도 신사참배에 대한 근본적인 반성이 없었습니다. 역사적인 틀거리를 분석하고 한국 교회가 나아갈 대안을 제시한 것이 아니었습니다. 그때 신사참배하지 않았던 교단들이 지금 맘몬주의 이겨 내고, 성장주의를 이겨 내고 있습니까? 신사참배 체제에 반성 없이 물들면서 신앙의 동력을 상당 부분 상실하고 있습니다. 교권파들이 교단을 장악하고 회개하지 않으니까 신사참배를 거부했던 분들이 고려신학교를 중심으로 나와 고신파가 됩니다. 그래서 이분들은 국가주의, 콘스탄틴적인 혼합주의와 타협하지 않는 좋은 전통을 갖고 있습니다. 그러나 지금은 전통 있는 고신이 합신과 교단을 연합하려 하고 있습니다. 연합 차원에서는 의미 있는 일이지만, 한국 교회가 신사참배 체제에 대한 성찰이 없다는 증거인 것 같아 씁쓸

합니다.

신사참배 체제의 정점, 박정희

박정희라는 유신 개발 독재는 일제 군국주의 파시즘이 근대화의 탈을 쓰고 재현된 것입니다. 6·25를 지나면서 강화된 반공주의는 신사참배 체제에 포섭된 부끄러움과 역사적 과오를 반공 이데올로기와 친미 이데올로기로 위장한 것입니다. 한국 교회는 신사참배 체제의 결과물인 복음의 파편화와 변질, 정치 권력화에 속수무책이었으며, 국가 권력을 우상숭배하여 국가 영역에서 신앙의 가치 기준이 백지가 되고 사고가 멈추는 국가주의, 재산과 명예를 탐하는 맘몬주의 기복주의 번영 신학을 거룩한 것으로 포장하고 자기 합리화하는 기제가 발전했습니다. 이것의 정신적 메커니즘이 바로 반공주의입니다. 그리고 신사참배 체제의 정점이 바로 만주군 장교였다가 사회주의 남로당원이 되고 동료들을 다 팔아 목숨을 연명하고 독재자가 된 박정희입니다.

일제 강점기에 대한 실증적 연구에 따르면 을사늑약으로 국권을 침탈당했을 때나 해방 직전이나 국민소득 수준은 별 차이가 없습니다. 일제의 식민지 근대화론은 철저히 허구입니다. 마찬가지로 박정희의 유신 개발 독재 후의 경제력이나 경제 규모는 다른 나라의 경제 발전과 비교해 볼 때 전혀 나아지지 않았습니다. 동아시아 경제가 고속 성장하던 시기에 우리나라도 덩달아 경제가 발전했을 뿐, 오히려 다른 나라의 경제발전보다 유신독재의 경제발전 속도가 덜했습니다. 민주주의를 희생한 유신 개발 독재 경제 발전론은 거짓말입니다.

박정희는 일본의 만주군관학교 출신입니다. 거기를 졸업한 후 일본육군사관학교에 갑니다. 원래는 기독교 계통의 학교에서 교사로 일했는데, 야망을 버리지 못하고 만주로 갔다가 일본육군사관학교에 가기 위해 일제에 충성을 다하겠다는 혈서를 써서 들어갔습니다. 해방 후에는 사회주의자가 되었다가 자기 형을 밀고하고, 동료들을 다 밀고합니다. 여순반란사건이 그것입니다. 그래서 자기만 살아남습니다.

박정희가 개발과 성장과 근대화를 이루었다고 합니다. 그러나 그것은 일제 군국주의 파시즘을 개발 독재로, 유신 독재로, 새마을 운동으로 포장해서 우리에게 똑같이 재현시킨 것입니다. 일제 강점기 주류를 자임했던 박정희라는 상징적인 인물이 거의 20년간 근대화 공간을 지배했습니다. 일제 강점기처럼 소위 재벌들에게 국민의 세금을 몰아 주고, 외화 도입한 것을 나눠서 몰아 줍니다. 그 예로 포철이 있습니다. 포철의 박태준 명예회장은 1964년 대일청구권 3억 달러로 세운 포항제철을 지금의 포스코로 성장시킨 주역으로 평가받습니다. 일제 강점기에 끌려가 피눈물 흘리며 죽어 간 강제 위안부들, 강제징용 노동자들의 핏값과 목숨값으로 포철을 만든 것입니다. 포철이 최소한의 양심이 있다면 일제 강제 위안부들을 위해 뭔가 일을 해야 한다고 생각합니다. 포철의 예는 신사참배 체제가 극복된 것이 아니라 오히려 더 강화된 형태로 우리 사회를 붙잡고 있음을 반증합니다. 그 기초 위에서 이 부분에 대한 근본적인 변화 없이 80년대, 90년대, 지금 2000년대가 있습니다.

이용훈 전 대법원장은 한 인터뷰에서 "'대한민국의 주권은 국민에게 있고, 모든 권력은 국민으로부터 나온다'는 헌법 제1조 2항을 유신헌법은 '대한민국의 주권은 국민에게 있고, 국민은 그 대표자나 국민투표에 의하여 주권을 행사한다'로 고쳐 놨다"며 "어떻게 그런 발상을 할 수 있는지 너무 놀라웠다"고 말했습니다.

우리가 알고 있는 민주주의가 '대한민국의 주권은 국민에게 있고, 모든 권력은 국민으로부터 나온다'는 의미가 아니라 대표나 한 번 뽑고 마는 유신 헌법의 '대한민국의 주권은 국민에게 있고, 국민은 그 대표자나 국민투표에 의하여 주권을 행사한다'는 의미가 아닌지 되물어야 합니다. 이런 유신독재의 민주주의는 본래의 민주주의가 아닙니다.

산업화를 위해 유신독재는 민주주의를 어쩔 수 없이 희생했다는 얼토당토않은 이야기가 아직도 앵무새처럼 읊조려집니다. 오히려 독재는 독재 비용, 부패 비용 때문에 산업화에 걸림돌로 작용합니다. 우리가 배운 지식 거의 전부는 부와 권력을 쥔 불의한 일부 세력의 죄악을 합리화하기 위한 왜곡된 논리들이었습니다. 산업화를 위해 독재가 불가피했다는 독재 세력의 주장을 아직도 많은 이들이 사실로 믿습니다. 신사참배 체제는 이 체제가 거대한 국가 이데올로기 장치로 기능한다는 의미입니다. 국민이라는 노예로 길들이기 위해 권력은 엄청난 비용을 지불합니다. 물론 이 비용은 국가주의라는 우상 숭배에 이미 철저히 포섭된 국민이라는 노예들의 세금으로 충당합니다.

일제 군국주의 파시즘에 동원되어 전쟁터로 나간 조선인들은 만주군 출신인 박정희가 정권을 잡은 시절 다시 베트남에 미국의 용병으로 차출됩니다. 국민의 정부, 참여 정부 시절에도 미국의 전쟁에 한국인은 동원됩니다. 본질은 변함없는 제국의 질서에 포섭된 신사참배 체제입니다.

한국 교회는 이 신사참배 체제에 적극적으로 포섭된 주류로서 혜택을 받습니다. 국가주의와 타협한 기독교 국가 체제 종교로서 한국 교회는 반공 이념, 개발 독재에 적극 협조하면서 한국에서 자본이 성장하는 방식과 똑같이 성장합니다. 어떻게 성장하냐구요? 땅으로, 투기로 성장합니다. 자본을 빌려서 건물을 짓는 겁니다. 그게 성장주의, 맘몬주의 논리입니다. 자본주의 논리이기도 합니다. 토건 마피아와 결합해서 빚을 집니다. 건물이 커지고, 교회가 성장할수록 빚도 같이 커집니다. 이제는 하나님께 빚진 교회가 아니라 맘몬에게 빚진 것이고, 맘몬과 세상 질서가 교회 안에 들어옵니다. 십일조와 헌금으로 대출 빚을 열심히 갚는 자본 회전 체계의 충직한 일부가 되는 거죠. 그래서 헌금 많이 하는 장로가 힘을 얻습니다. 교회 DNA가 세상의 DNA와 같기 때문입니다. 그 근본 구조를 깨지 않고는 안 됩니다. 빚을 내서 더 넓은 터로 이전하거나 건물을 지으면, 십일조를 강조할 수밖에 없습니다. 십일조는 정의와 공평이 관철되는 십일조를 해야 합니다.

80년대 후반의 한국 교회

1980년대 후반으로 들어오면서, 미국의 한국 정책은 후원과 원조 체제에서 신자유주의 체제로 바뀝니다. 시장 규모가 커지고, 자본의 규모가 커지니까 키워서 먹는 것입니다. 일제 이후 미국과 전 세계적인 차원의 수탈 구조가 형성되어 온 것입니다. 저는 굉장히 악마적인 구조라고 생각합니다. 가계 부채가 1,000조에 이릅니다. 아주 심각한 문제입니다. 연합뉴스 2012년 1월 30일자 기사를 보면 2009년 현재 5년간 소득이 최저생계비에 못 미치는 절대빈곤을 한 해 이상 경험한 가구가 전체 인구의 24퍼센트, 5천만의 24퍼센트면 1200만입니다. 1900만의 노동자 중에서 절반 이상이 비정규직이고, 그중 50퍼센트가 최저생계비 이하로 살아가고 있습니다. 엄청납니다. 불의한 사회구조입니다. 똑같은 작업장에서 일하고 동일노동 동일임금인데, 왜 그걸 안 합니까. 신앙 양심이나 하나님 나라의 공평과 정의에 비추어 볼 때 이건 절대 아닌 겁니다.

한국 교회는 이러한 불의한 구조 속에서 콘스탄틴적 혼합주의인 국가주의에 더욱 철저히 물듭니다. 앞서 말씀드렸듯이 미국은 천민자본주의의 복음입니다. 존 파이퍼 목사님이 피를 토하면서 설교하신 것처럼 번영 복음이고, 맘몬 신학입니다. 그게 우리한테 온 겁니다. 그리고 그것이 이제까지 말씀드린 신사참배 체제는 구체적이고 역사적인 양태로 아직도 우리를 구속하고 있습니다. 이 부분을 고민하지 않고서는 한국 교회는 한 걸음도 앞으로 나아갈 수 없습니다.

국가 권력과 밀착된 한국 교회는 기득권화하면서 대중적인 공감대를 상실하고 있습니다. 교회조차 중산층 교회로 편입돼 들어가서 그 기득권 세력 안으로 들어간 겁니다. 그리고 신앙 양심이 마비된 것입니다. 영적인 감수성, 윤리적 감수성이 마비된 겁니다. 이렇게 역사적인 불의한 구조 가운데 들어가서 사슬에 꽉 붙잡혀 있는데, 거기에 정말로 성령의 역사와 생명의 능력과 힘이 나타날 수 있을까요? 이는 직접적으로 90년대 이후의 선교 위기로 나타났습니다. 선교의 장이 축소되고 있습니다. 80년대, 90년대에 가톨릭이 엄청난 성장을 했는데, 400~500만이 성장했고 그중에 90퍼센트 이상이 기독교인들이 옮겨간 것입니다. 대중 동원 운동의 한계는 선교한국, 〈복음과상황〉, 성서한국 등의 대응으로 이어졌습니다. 그러나 우리 사회와 한국 교회의 모순에 대한 근본적인 반성이 없기는 마찬가지입니다.

민주화 이후 동원 체제로서 국가 종교인 기독교의 매력은 사라졌습니다. 국가 권력 이후 자본 권력과 시민 권력이 지금 대립하고 있는데, 이 지평 속에서 한국 교회는 국가 권력에 순응한 것처럼 자본

권력의 편을 듭니다. 의식 있는 시민들, 노동자, 농민, 가난한 자들, 예수님이 함께하는 자라고 말씀하셨던 이들을 외면하고 있습니다.

2장
사회적 회심

일제 강점기 신사참배는 한 번의 역사적 사건으로 끝난 것이 아니라, 한국 사회와 한국 교회에 역사적 구조로 고착화되어 신사참배 '체제'로 지속되고 있습니다. 신사참배라는 역사적이고 사회적인 현상이 나타났을 때, 거기 관여된 국가주의 구조와 권력에 영합하고 그 대가로 노골적으로 기복종교를 추구하며 파편화된 개인주의 신앙으로 재산과 자신의 부를 지키는, 정치적인 힘에 호소하는 어떤 교회, 종교적 구조들이 여전히 관철되어 지금도 동일하게 작동하기 때문입니다.

많은 사람들이 교회에 대해 진단하고 있습니다. 예를 들어 교회 학교를 살려야 한다, 성령 운동을 다시 해야 한다, 신학교 교육을 다시 해야 한다, 신학교를 줄여야 한다, 평신도 운동을 전개해야 한다,

도덕적 윤리 회복운동을 해야 한다, 성시화 운동을 해야 한다 등등 매우 다양한 주장들이 있습니다. 그러나 제가 볼 때 한국 교회의 타락한 현상만 이야기합니다.

우리가 어떻게 살아왔고, 어떤 점에서 잘못되었는지 돌아보면 역사적인 구조가 옛날부터 만들어져 왔습니다. 교회 타락의 뿌리를 갖고 있는 겁니다. 그 뿌리부터 살피지 않고서는 제대로 된 대답을 할 수 없고, 그 부분에서 진정한 회개가 있어야만 미래에 대한 대안을 이야기할 수 있습니다.

신사참배 체제의 후예와 수혜자로서 역사적 과오를 돌이키고 진정한 복음의 대안으로 돌아가는 역사적 깊이의 사회적 운동으로서 회개 운동이 한국 교회에 꼭 필요한 시점입니다.

개인 윤리적 회개를 넘어서

기독교의 회심은 개인 윤리적 회심뿐 아니라 다른 삶을 살기로 결단하는 사회적 회심도 포함됩니다. 예수님이 회개하라고 하실 때에는, 개인적인 죄의 수준을 넘어서 있는 것입니다. 총체적인 회개, 온전한 회개를 말씀하시는데 우리는 항상 작은 회개만 배워 왔습니다. '회개' 하면, 개인적, 윤리적, 도덕적인 회개만 생각합니다. 그것으로 충분하지 않습니다. 그래서 교회가 힘을 잃은 것입니다.

신사도운동이니 하는 난리법석의 이유를 모르겠습니다. 성령 하나님께서는 다이너마이트와 같은 강력한 힘으로 악한 정사와 권세를 깨고 이 땅에 하나님 나라의 공평과 정의, 평화를 당겨 오십니다. 성령이 역사해 가난한 자들과 억압받는 자들과 함께하는 자리에 자본주의의 이기적인 인센티브를 거부하고 자발적으로 자신의 삶을 내어놓는 놀라운 회심의 역사와 기적이 일어납니다. 성령의 강력한 역사와 저항, 십자가와 참여는 함께 갑니다. 1906년의 아주사 스트리트 오순절 대부흥에는 가난하고 억압받는 흑인들이 있었고, 1907년 평양에는 러일전쟁으로 재산과 생명을 잃고 고통당하는 조선 백성들이 있었습니다. 성령의 진짜 역사와 감동은 언제나 현장에서 일어납니다. 현장을 잃어버린 교회는 감동과 성령의 역사를 인위적으로 조작하려 듭니다. 성령의 역사는 현장으로 달려가는 사회적 회심의 역사입니다.

극단적인 바울신학에 기초한 개인의 이신칭의 혹은 개인적·윤리적 회심은 성경에서 말하는 바가 아닙니다. 심지어 바울이 말하는 '의'도, 정확하게 얘기하면 '체다카' 개념, 즉 하나님 앞에, 재판장 앞에 공평과 정의입니다. 이신칭의를 정확하게 말하면, 하나님 앞에 우리가 정의롭다 함을 받는 겁니다. 부르심이 달라지는 것입니다. 우리는 그냥 '의롭다'가 아니라 하나님께 정의롭게 여겨지고 정의롭게 살도록 부르심을 받은 것입니다.

복음의 총체성이란, 본능의 수준에서 자본과 맘몬에 의해 재구성된 우리의 욕망을 규정하는 사회적 문법의 기본 전제들을 뒤집어 성령의 능력으로, 하나님 나라의 문법으로 욕망을 사회적으로 재구성하는 것입니다. 이런 과정을 거친 후에야 '욕망해도 괜찮아'가 유의미합니다.

우리는 먼저, 회개와 회심에 대해 성경이 말씀하는 것을 잘 읽어야 합니다. 특히 복음서에서 예수님이 말씀하시는 회개와 회심은 어떤 것인지, 무엇을 지적하시는지, 예수님이 왜 사회적 회심을 강조하는지 알 수 있으며, 하나님 나라에 들어가는 것은 분명히 사회적 회개라는 것을 발견할 수 있습니다. 말씀을 정직하게만 읽는다면 어려운 일이 아닙니다.

앞서 예를 든 부자 청년 이야기를 잘 아실 것입니다. 부자 청년 이야기가 한 군데만 나와 있다고 생각하는데, 그건 자주 언급된 본문일 뿐입니다. 한번 마가복음을 읽어 보십시오. 예수님께서 사회적 회심에 대해 얼마나 많이 말씀하시는지 알 수 있습니다.

율법학자들과 바리새파 사람들아! 위선자들아! 너희에게 화가 있다! 너희는 박하와 회향과 근채의 십일조는 드리면서, 정의와 자비와 신의와 같은 율법의 더 중요한 요소들은 버렸다. 그것들도 소홀히 하지 않아야 했지만, 이것들도 마땅히 행해야 했다. 눈 먼 인도자들아! 너희는 하루살이는 걸러내면서, 낙타는 삼키는구나(마 23:23-24, 새번역).

너의 지도자들은 주님께 반역하는 자들이요, 도둑의 짝이다.

모두들 뇌물이나 좋아하고, 보수나 계산하면서 쫓아다니고, 고아의 송사를 변호하여 주지 않고, 과부의 하소연쯤은 귓전으로 흘리는구나. 그러므로 주 곧 만군의 주, 이스라엘의 전능하신 분께서 말씀하신다. "내가 나의 대적들에게 나의 분노를 쏟겠다. 내가 나의 원수들에게 보복하여 한을 풀겠다"(사 1:23-24, 새번역).

주님께서 백성의 장로들과 백성의 지도자들을 세워 놓고, 재판을 시작하신다. "나의 포도원을 망쳐 놓은 자들이 바로 너희다. 가난한 사람들을 약탈해서, 너희 집을 가득 채웠다. 어찌하여 너희는 나의 백성을 짓밟으며, 어찌하여 너희는 가난한 사람들의 얼굴을 마치 맷돌질하듯 짓뭉갰느냐?" 만군의 하나님이신 주님의 말씀이다(사 3:14-15, 새번역).

나 주가 선고한다. 이스라엘이 지은 서너 가지 죄를, 내가 용서하지 않겠다. 그들이 돈을 받고 의로운 사람을 팔고, 신 한 켤레값에 빈민을 팔았기 때문이다. 그들은 힘없는 사람들의 머리를 흙먼지 속에 처넣어서 짓밟고, 힘 약한 사람들의 길을 굽게 하였다. 아버지와 아들이 같은 여자에게 드나들며, 나의 거룩한 이름을 더럽혔다. 그들은 전당으로 잡은 옷을 모든 제단 옆에 펴 놓고는, 그 위에 눕고, 저희가 섬기는 하나님의 성전에서 벌금으로 거두어들인 포도주를 마시곤 하였다(암 2:6-8, 새번역).

피해를 당한 이웃과 상관없이 하나님 앞에서 회개하면 그뿐인가요? 열심히 교회에 십일조 내고, 더 많이 헌금하고, 봉사하면 그만인가요? 구원의 하나님이요, 용서하시는 하나님이니까 다 용서하시나요? 그렇지 않습니다.

거짓된 회개

존 스토트는 "진짜 회개는 하나님 앞에서뿐 아니라 잘못한 상대방을 찾아가 용서를 구하고 그 대가를 치르는 것이다. 하나님께 용서받고 은혜를 경험한 자가 자기 때문에 고통당한 형제에게 용서를 구하지 않는다면 그 회개는 가짜다"라고 했습니다. 영화 〈밀양〉을 잘 아실 겁니다. 아들을 잃은 주인공 신애는 아들을 살해한 살인자를 용서하기로 결심하고 교도소에 찾아갑니다. 그런데 그 살인자는 평안한 얼굴로, 자신은 이미 주님의 은혜로 죄 사함 받았고, 구원을 받았으며, 주님의 사랑 속에서 너무나도 행복하고 기쁜 삶을 산다고 이야기합니다. 하나님 믿어서 하나님께 용서받았답니다. 그 말을 들은 신애는 극심한 허탈감과 배신감으로 혼란스러워합니다. "내가 용서하지 않았는데, 어떻게 용서받았단 말인가?"

회개는 일차적으로 하나님과 나의 관계이지만, 동시에 이웃과의 관계입니다. 제3자가 연관되어 있는 겁니다. 이게 진짜 회개입니다.

하나님, 나, 이웃. 상처받은 그 이웃, 고통당하는 그 이웃…… 이 지점까지 가지 않는다면 그건 가짜입니다. 그런데 우리는 이렇게 개인적인 회개만 배워 왔습니다. 그것은 거짓된 회개요, 가짜 회개입니다.

죄는 단순히 개인적인 문제가 아니라, 사회적·역사적으로 구성된 산물입니다. 따라서 우리의 회개도 개인 윤리적인 회개뿐만 아니라 역사적·사회적 회개의 수준까지 들어가야 진정한 회개가 되는 것입니다. 하나님, 나, 이웃, 3자적 지평이 꼭 필요합니다. 회개하지 않는데도 사람들은 면죄부를 줍니다. 값싼 복음입니다. 죄 자체를 없애 준다는 것입니다. 그러나 하나님의 복음은 세리처럼, 하나님 앞에서 가슴을 치면서 "주님, 제가 죄인입니다. 불쌍히 여겨주십시오" 하고 하나님 앞에서 통곡하게 합니다. 그리고 그 죄인을 용서하시고 값없이 거저 받아 주신다는 것이 바로 값비싼 복음입니다. 자꾸 헷갈리는 부분입니다.

삭개오의 회개

하나님 나라의 공평과 정의가 회개와 회심의 결과로 나타날 때, 그것이 진짜 회심입니다. 대표적인 사람이 삭개오입니다. 삭개오는 세리장이요 부자였습니다. 당시 세리는 로마 정부의 세금 징수를 위해 일하던 사람들을 가리켰습니다. 삭개오는 세리들의 우두머리인 세리장으로 큰 규모의 세금을 관리했습니다. 특별한 월급이 없었기 때문에 두 배, 세 배 착취를 했습니다. 그런 삭개오가 예수님을 만났습니다. 하나님을 만났습니다. 그에 대한 당연하고도 자연스러운 결과는 이것입니다.

주님, 보십시오, 내 소유의 절반을 가난한 사람들에게 주겠습니다. 또 내가 누구에게서 강제로 빼앗은 것이 있으면, 네 배로 하여 갚아 주겠습니다(눅 19:8, 새번역).

불의한 구조에 들어가서 재산을 축적했거나 현재 잘못된 구조 가운데서 임금을 착취하거나 뭔가 뇌물을 받았거나 하면 그것을 다 토해낸다는 것입니다. 예수님을 만난 삭개오는 당연히 그렇게 했고, 그 모습을 칭찬받고 있습니다. 이게 진짜 회개요, 회심입니다. 회개를 모르는 용서, 우리는 끊임없이 용서하라고 합니다. 그런 용서의 강요는 〈밀양〉에서 보는 것처럼 불의한 가해자의 편을 드는 것입니다. 삭개오가 그렇게 했을 때 하나님 나라의 새로운 일원으로 받아들여지는 것입니다. 바로 지금까지도 그를 왕따시키고 사회적으로 고립시켰던 사람들이 그 사람의 집에 가서 밥을 먹습니다. 이것이 하나님 나라 잔치입니다.

회개 없는 용서

관습화된 종교의 용서는 사람을 두 번 죽이는 무서운 것이 됩니다. 사회적 책임과 역사적인 반성을 가로막는 이념화된 용서는 생명을 살리는 것이 아니라 신앙 양심을 개인적이고 윤리적인 자아의 수준으로 제한하고 진짜 회개와 용서를 가로막는 자기합리화의 무서운 무기가 됩니다.

'회개를 모르는 용서'는 산소가 고갈된 어항의 물고기처럼 주님의 핏값으로 산 교회를 질식시키고 있습니다.

파편화되고 개인화된 자아의 뻔뻔스러운 용서의 확신이 있는 곳에 용서는 없습니다. 진짜 용서받음과 회개는 동전의 양면과 같습니다. 분리될 수 없습니다. 당당한 바리새인의 기도가 아니라 가슴을 치며 죄인이라고 했던 세리의 기도를 하나님이 받으십니다.

가산을 탕진한 아들이 돌아와 아들의 자격이 없는 죄인이니 일꾼으로 써달라 청할 때 아들의 지위가 회복됩니다. 용서받음은 죄인이 주장할 수 있는 것이 아닙니다. 죄인을 편드는 제3자가 주장할 수 있는 것도 아닙니다. 죄인이 철저히 하나님 앞에 단독자로 서서 심판받는 것이요, 아픔을 당한 형제에게 그 대가를 치르는 작업입니다.

한국 교회는 용서를 새롭게 가르쳐야 합니다. 용서는 필연적으로 하나님의 속성인 정의로움에 맞닿아 있습니다. 단순히 응보적인 수준을 넘어서 하나님의 회복적 정의에 도달한 용서 이해가 필요합니다. 회복적 정의는 피해자에게 용서의 짐을 강요하거나 율법주의적 판단으로 이중의 고통을 주는 것이 핵심이 아니라, 가해자에게 죄를 직면하게 하고 회개의 대가를 치르도록 돕는 일입니다. 여기부터 다시 시작해야겠습니다.

우리의 죄

한국 교회의 신사참배는 영적으로 심각한 배교 행위였습니다. 한국 교회는 주기철 목사님이나 신사참배를 거부했던 분들의 후손이 대부분 아닙니다. 일부 침례교단이나 고신 교단 같은 경우엔 그렇지 않지만, 대부분 한국 교회는 신사참배에 찬동하고, 적극적으로 참여하고 대동아 전쟁에 생때같은 젊은이들을 동원해서 전쟁의 신, 재물의 신에게 바쳤던 사람들입니다. 보국이란 이름 아래, 비행기 사다 바치고 쇠붙이 모아서 바치고 헌금했던 사람들입니다. 부끄럽긴 하지만 우리는 그런 사람들의 후손입니다. 그런 사람들이 48년 체제, 미군정이 한반도 지배체제를 만들면서 감리교도인 이승만을 통해서 한반도에 친미정권을 만들었는데 당시 기독교인은 전체 인구의 1퍼센트밖에 안 됐습니다. 그런데 정부 요직의 22퍼센트 정도가 기독교인이었습니다. 인구 대비 엄청난 비율입니다.

역사를 돌아볼 때, 선교사들만 탓할 문제가 아닙니다. 역사적인 진행 과정 속에서 교회가 뿌리에서부터 변질됐습니다. 앞서 언급했지만, 일제가 강압적으로 신사참배를 요구했을 때 대다수 교회가 다 신사참배하고, 가톨릭까지 10만 회, 20만 회 동원해서 신사에 절하고 예배드리고 합니다.

김진호 목사의 《시민 K, 교회를 나가다》에서 신사참배가 언급된 부분을 보면 기장과 예장이 나뉘기 전에 신사참배에 대한 장로교단 총회의 결의가 있었음을 알 수 있는데, 그분들도 신사참배(체제)에서 자유로운 분들이 아닙니다. 그냥 국민의례 수준이라고 하지만 도대체 역사적 의식이 있는 건지 없는 건지 모르겠습니다.

노무현, 김대중 정부를 지나면서 소위 민중운동을 했던 운동권 목사와 교회들이 권력과 가까워지면서 부패했다고 생각합니다. 권력 친화적이고 야성과 결기를 잃어버렸습니다. 70, 80년대 노동자들과 함께하고, 가난한 자들과 함께했던 그 싸움들은 다 구심점과 힘을 잃었습니다. 이제야 오순절 성령운동, 교회 성장론 얘기를 하고 있습니다. 좌나 우나 둘 다 진정한 의미에서 사회적 회심을 이야기하지 않습니다.

그분들 입장에선 민중이 회개해야 되냐고 할 수도 있겠고, 회개란 개인적인 죄책감일 뿐이라고 말하고 싶겠지만, 예수님이 말씀하신 하나님 나라로 들어가는 과정의 회개는 진정한 의미의 자기 혁신, 자기에 대한 돌이킴뿐만 아니라 사회적 관계 전체에 대한 돌이킴입니다. 정사와 권세에 사로잡힌 세상의 질서로부터의 죽음, 그리고 하나님 나라에 들어가서 새롭게 태어나는 이야기가 그 안에 있는 것입니다. 따라서 우리 사회에 대해서도 똑같이 적용돼야 합니다. 교회는 신사참배 체제에 의해 제국적 질서에 포섭되고, 국가주의와 맘몬의 질서에 포섭돼 갔고, 그 군국주의 군사주의에 포섭돼 간 것입니다.

대한민국 사회는 군영 사회입니다. 경제를 미끼로 군사주의 문화가 모든 일상을 폭력적으로 지배하는 사회, 정당한 문제 제기와 질문이 봉쇄된 사회, 일제 강점기 때 만들어진 국민교육이 여전히 그 기조를 유지한 채 교장과 교육감과 교육관료들이 교육정책을 결정하는 사회, 그때 만들어진 교육 문화가 아직도 혁신되지 못한 채 학교 현장을 지배하는 사회, 국민 교육, 노예 교육, 중등 이하의 기술자 교육, 창의성이나 힘이라곤 찾아볼 수 없는 말 잘 듣는 노동자를 만드는 국민교육을 하는 사회. 왜 우리나라에 스티브 잡스 같은 사람이 안 나타날까요? 나타날 수 없습니다. 노예를 기르는 식민지적인 질서 순응교육 아래서, 창조성을 지닌 인재가 나타날 수 없습니다. 우리는 그런 식민지적인 의식, 무의식 구조에 꽉 사로잡혀 있습니다.

> 주께서는 제사를 기뻐하지 아니하시나니 그렇지 아니하면 내가 드렸을 것이라 주는 번제를 기뻐하지 아니하시나이다 하나님께서 구하시는 제사는 상한 심령이라 하나님이여 상하고 통회하는 마음을 주께서 멸시하지 아니하시리이다(시 51:16, 17)

개인적인 회개

우리 교회의 뿌리에 대해서, 신사참배 체제에 대해서 전향적인 시각으로 연구하는 학자들의 연구 결과물들이 조금씩 나오기 시작했습니다. 한국기독교역사연구소의 《한국 기독교의 역사》 I, II, III,

류대영 교수의 《한국 근현대사와 기독교》 같은 책이 입문서로서 좋
습니다. 이러한 역사적 자료들을 읽고 공부하고 돌이키는 과정이 필
요합니다. 개인부터 한 사람 한 사람이 자신의 죄에 직면해야 합니
다. 가난한 자는 피해자인데 사회적 회심을 해야 하는가? 물론입니
다. 부자든 가난한 자든 지배자든 피지배자든 그 악한 체계의 부분
으로 들어가서 협조하고 참여했습니다. 부자들은 수익을 누렸겠고,
피해자들은 그 구조, 정사와 권세에 동조하면서 맘몬의 소비 주체로
서 적극 참여하고 있을 것입니다. 그래서 그 구조가 돌아가도록 기여
했다는 점을 회개해야 합니다. 이게 진짜 사회적 회심, 회개의 기초
입니다. 내가 피해자일지라도 이기적 욕망, 자기를 보호하려는 욕망,
자기 배를 섬기려는 욕망으로 참여하고 있었다는 사실에 직면해야
합니다. 희생자이자 수탈당하는 자들이라도 사회적 회개가 필요합
니다. 하나님 앞에서 의인이 없고, 공동체의 깨짐에 모두가 참여했다
는 사실에 대해 회개해야 합니다.

공동체의 사회적 회심

그럼 개인의 회개로만 충분할까요? 그렇지 않습니다. 한국 교회,
한국 사회는 전 세계적 제국적 질서, 특히 동아시아 제국적 질서에
편입되어 일제 강점기 때 구조화된 신사참배 체제의 구체적 양태를
가지고 있는 겁니다. 그건 개인의 죄 이전에 공동체 전체가 참여한
죄입니다. 구조적인 죄이며 악입니다. 국가주의, 권력에 포섭되고 자

신의 지위와 명예와 힘과 재산을 보호받는, 국가로부터 대가로 받는 관계들, 그리고 국가 이데올로기 장치와 동원 체계, 하위 체계로서 국가 체제에 포섭된 상황을 보면 알 수 있습니다. 따라서 교회가 복음을 말할 수 없고 신앙의 이원론이 당연히 전제됩니다. 정치적이라고 할지 모르지만 가장 거룩한 것은 가장 정치적인 것입니다. 예수님은 정치적인 편파성을 가지고 있었습니다. 존 하워드 요더가 《예수의 정치학》(IVP, 2007)에서 분명하게 얘기합니다. 누가복음을 새롭게 읽어 내면서 예수님은 가난한 자를 향한 정치적 편파성을 지니고 있다고 얘기합니다.

신사참배 체제의 통렬한 반성, 그리고 나아가 신사참배 체제에 사로잡힌 한국 교회, 한국 사회의 뿌리에 대해 역사적 깊이의 회개가 공동체적으로 일어나야 합니다. 그렇게 볼 때 우리가 처한 현실, 실제 모습, 죄악 된 현실에 대해서 깊이 깨닫게 되고 어떤 방향으로 가야 할지 정확하게 볼 수 있게 됩니다.

역사적 깊이의 회개는 반드시 있어야 합니다. 그리고 그것은 좌우를 떠나서 한국 교회 전체가 신사참배 체제에 포섭되고 바벨론 유수된 사람들이며 그 사람들의 후손이라는 사실에 대해 뼈를 깎는 반성이 있어야 합니다. 이 반성이 있은 후에라야만 한국 교회에 회복과 대안이 있을 수 있습니다. 교회가 국가와 자본, 맘몬의 힘에 무릎 꿇었던 것을 회개해야 합니다. 사람의 말을 들을 것인지 하나님의 말씀을 들을 것인지 결정해야 합니다. 그 뿌리부터 회복되면, 돌이키면 좋겠습니다. 그게 시작입니다.

사회적 회심이 아닌 것

회개 운동이 꼭 필요합니다. 그러나 2007년에 있었던 '어게인 1907' 같은 운동이 필요한 게 아닙니다. 왜 부산에서 열린 '어게인 1907'로 평양대부흥과 같은 부흥이 일어나지 않았을까요? '어게인 1907'에는 통절한 회개와 진실된 반성이 없었습니다. 2008년 9월 24일, 〈노컷뉴스〉에 따르면 한국 교회가 70년 만에 처음으로 일제 때의 신사참배를 회개했다고 합니다.

기사에 따르면 울면서 회개하고 부르짖는 기도를 했다고 합니다. 또한 세상의 존경을 잃은 교회 내부의 반성은 물론, 극심한 양극화와 세계 자연재해 문제에 이르기까지 전 영역에서 한국 교회가 관심을 갖고 해결해 나가겠다고 다짐하는 '한국 교회 제주 선언문'도 발표했다고 합니다. 그러나 이건 사회적 회심이 아닙니다. 이 연합감사예배 이후, 회개 이후 어떤 변화가 있었나요? 교단의 지도자들 정도면 회개의 결과가 있어야 합니다. 자신의 자리로 돌아와서 어떤 변화가 있었나요? 아무런 이야기도 듣지 못했습니다. 울부짖고 기도만 했을 뿐입니다. 그 모임 후 개개인의 삶에 무슨 일이 있었을까요? 그곳에서 회개를 선포했던 어떤 분은 성범죄를 지은 목사의 죄를 사랑으로 덮어 주자고 했습니다. 어떤 분은 수천억 원을 들여 교회를 건축하고 있습니다. 그 많은 헌금으로, 그 많은 돈으로, 한국 사회의 가난한 사람들을 위해, 자살로 죽어가는 그 수많은 학생들의 가정을 위해 교회는 무엇을 했나요?

진심으로 회개한다면, 맘몬의 노예가 되는 것을 멈춰야 합니다. 제가 어느 교회에 다닐 때의 일입니다. 유명한 대형 교회였습니다. 큰 건물이 있는데도, 또 다른 건물을 짓기 위해 건축헌금을 작정하자고 했습니다. 목사님이 수많은 성도들에게 작정서와 볼펜을 나누어 주고 기도회를 인도하면서 건축헌금을 작정하라고 설득했습니다. 저는 물론 작성하지 못했지요. 무리해서 작성했다가 다 내지 못한 건축헌금도 있었으니까요. 그리고 이제 작정서를 걷을 줄 알았습니다. 그러나 목사님 보시기에, 사람들이 작정서를 생각한 대로 작성하지 않는다고 생각하셨는지, 아직도 작정하지 않은 사람이 있다면서 성도들을 다그치셨습니다. 야단도 치시면서요. 다시 찬양이 흘러나오고 기도 소리가 들립니다. 마음이 약한 성도들은 죄책감과 하나님 앞에 두려움으로 마지못해 건축헌금 작정서를 작성합니다. 거의 모든 사람이 금액을 적어서 헌금 바구니에 넣었지요.

일제 강점기 이후 특혜로 받은 건물이나 부지가 있다면 교회는 내놓아야 합니다. 어떻게든 회개의 몸짓을 시작해야 합니다. 가난한 자를 위한 헌금을 걷어서 그 돈으로 건물을 지었다면, 그 건물도 내놓아야 합니다. 그래야 참된 회개가 아니겠습니까? 그렇게 했을 때, 세상이 교회를 다시 보게 됩니다. 1907년의 평양대부흥이 어떠했는지는 앞서 이야기했으므로 잘 아실 것입니다.

진심으로 회개했다면 결과가 있어야 합니다. "잘못했다"라는 말만으로는 안 됩니다. 피해를 준 사람에게 찾아가야 합니다. 그리고 갚아야 합니다. 보상이 있어야 합니다. 보상할 수 없는 상황이라면, 진심으로 용서를 구해야 합니다. 그것이 사회적 회심입니다. 그렇듯 세상과 다른 모습을 봤을 때, 세상은 교회에서 하나님의 형상을 보는 것입니다.

그들이 이 말을 듣고 마음에 찔려 베드로와 다른 사도들에게
물어 이르되 형제들아 우리가 어찌할꼬 하거늘(행 2:37)

베드로의 설교를 들은 사람들이 마음에 찔려 "형제들아 우리가 어찌할꼬" 묻습니다. 베드로는 "너희가 회개하여 각각 예수 그리스도의 이름으로 세례를 받고 죄 사함을 받으라 그리하면 성령의 선물을 받으리니 이 약속은 너희와 너희 자녀와 모든 먼 데 사람 곧 주 우리 하나님이 얼마든지 부르시는 자들에게 하신 것이라 하고 또 여러 말로 확증하며 권하여 이르되 너희가 이 패역한 세대에서 구원을 받으라"(행 2:38-40) 했습니다.

그 말을 받은 사람들은 세례를 받고 이날 신도의 수가 3천이나 더했다고 합니다. 또한 그들이 사도의 가르침을 받아 서로 교제하고 떡을 떼며 오로지 기도하기를 힘썼다고 합니다. 거기서 그쳤나요? 그

렇지 않습니다.

사람마다 두려워하는데 사도들로 말미암아 기사와 표적이 많이 나타나니 믿는 사람이 다 함께 있어 모든 물건을 서로 통용하고 또 재산과 소유를 팔아 각 사람의 필요를 따라 나눠 주며 날마다 마음을 같이하여 성전에 모이기를 힘쓰고 집에서 떡을 떼며 기쁨과 순전한 마음으로 음식을 먹고 하나님을 찬미하며 또 온 백성에게 칭송을 받으니 주께서 구원 받는 사람을 날마다 더하게 하시니라(행 2:43-47)

우리는 죄에 대해서 "형제들아 우리가 어찌할꼬" 물어야 합니다. 만일 어느 가정의 남편과 아내가 진실로 회개한다면, 사회적 회심을 한다면, 그 가정에 성령의 역사하심이 있을 것입니다. 영적인 부흥이 일어날 것입니다. 오랫동안 깨어졌던 부부 간의 사랑이 회복되고, 부모와 자식 간의 관계가 회복될 것입니다. 만일 어느 교회의 목회자가 진실로 회개한다면, 그래서 자신이 횡령한 돈을 내놓는다면, 자신도 모르게 맘몬에게 지배당한 죄악을 회개하고, 맘몬을 거부하는 삶을 살겠다고 성도들 앞에서 결단한다면 그 교회에 무슨 일이 일어날까요? '어게인 1907' 같은 거대한 집회를 하지 않아도, 그곳에는 부흥이 있습니다.

만일 한국 교회가 신사참배한 죄악에 대해서, 일제 강점기 때 일본의 군국주의와 결탁해서 일본에 협조하고 교회를 팔아 하나님의 교회가 아닌 일본 제국의 교회가 되게 했던 죄악에 대해서 회개한다면, 그래서 "형제들아, 우리가 어찌할꼬" 묻는다면 어떤 일이 일어날까요? 그때 이후로 로마 교회처럼, 국가 교회처럼, 교회가 권력과 결탁되었던 것, 힘 있는 자들의 교회가 된 것, 맘몬을 섬기고, 맘몬신의 교회가 된 것, 그래서 이제 하나님의 말씀의 권위가 땅에 떨어진 것에 진심으로 회개한다면, 그래서 "형제들아, 우리가 어찌할꼬" 묻는다면, 어떤 일이 일어날까요?

사회적 회심이 있는 곳에 영적인 부흥이 일어납니다. 영적 부흥은 앞서 말했던 것처럼, 성령 집회에서 막연히 "불로! 불로!" 외치며, 박수 친다고 되는 것이 아닙니다. 아주 냉정하게 차분히 앉아서 말씀을 읽고 묵상하고 기도하는 가운데 일어날 수 있습니다. 물론 말씀 집회 가운데 일어날 수도 있고, 독서 모임 가운데 일어날 수 있습니다. 우리에게 생명이 있다면, 우리가 가진 전제들을 내려놓고 정직하게 말씀을 읽으면 새로운 세계가 열립니다. 내가 말씀을 읽는 것이 아니라 말씀이 나를 읽고 세상을 읽고, 공동체를 읽고, 교회를 읽는 놀라운 경험을 하게 됩니다. 내가 하나님을 발견하는 것이 아니라 말씀 가운데서 하나님께 내가 발견되는 경험들을 하게 됩니다.

진심으로 회개한다면, 사회적 회심을 한다면, 어떻게 살아야 할지 대안이 보입니다. 무엇이 깨졌는지, 어떤 방향으로 가야 하는지 보입니다.

3부

하나님 나라
선물의 경제

이 (증여의) 도덕은 영원한 것이다. 그것은
가장 진화한 사회에서도, 가까운 장래의
사회에서도, 또 우리가 상상할 수 있는
가장 미개한 사회에서도 공통된 것이다.
여기서 우리는 반석을 건드리고 있다.
마르셀 모스, 《증여론》(한길사. 258쪽)

1장
하나님 나라 선물의 경제

우리는 지금 맘몬의 시대를 살고 있습니다. 돈과 재물을 신으로 모시고, 맘몬을 위해서라면 신앙도 팔고, 교회도 팔고, 그 무엇이든 팔 수 있는 시대에 살고 있습니다. 하나님은 어디에 계신지, 교회는 과연 어그러진 세상에 어떤 이야기를 해줄 수 있을지, 신자유주의 승자독식의 무한경쟁 세상에서 하나님 나라의 셈법을 되찾아 새로운 예언자적 상상력과 사회적 상상력을 찾아보고자 합니다.

한국 기독교가 사로잡힌 신앙적 이원론과 맘몬주의는 일제 강점기부터 형성된 일종의 콘스탄틴적 혼합주의인 '신사참배 체제'라는 역사적인 사회경제적 구조에 기인하고 있음을 살펴보았습니다. 미국제 천민자본주의 복음에 영향을 받은 국가주의적 혼합주의와, 국가권력과 영합해 권력과 부를 누리는 성공 지향의 고지론적인 교회의 성공 복음은 시장경제의 과잉으로 교회를 뿌리까지 부패하게 만들고 있습니다.

그것이 잘못이라는 것을 알면서도 그렇게 살 수밖에 없다고, 어쩔 수 없다고 말하는 수많은 그리스도인들을 봅니다. 정말 대안이 없는 걸까요? 이 시대의 신이 된 맘몬을 철저히 거부하며 살아갈 순 없는 것일까요? 어디서부터 새로운 한국 교회의 희망을 찾아야 할까요?

무엇보다도 자본이 심어준 욕망에 따라 소비 사회의 소비 노예로 형성된 우리의 이기적인 자아가 깨어져 말씀 앞에 단독자로 세워져야 합니다. 자본의 욕망과 불의한 권력에 무릎 꿇지 않는 일사각오의 신앙의 결기와 말씀이 아닌 것에 타협하지 않는 야성은 세상과 주변의 소리가 아니라 오직 말씀 앞에 무릎 꿇고 경배하는 주체적인 '주권자 신앙'에서 흘러나옵니다. 하나님이 처음 사람을 창조하시고 이 세상을 다스리라 축복하신 것은, 하나님의 주권자적 형상을 선물로 받은 인간의 공동체가 이 세상을 돌보고 섬기시는 삼위일체 하나님의 공동체적 형상을 따라, 스스로의 생활 세계를 하나님 나라의 선물의 경제로 창조적으로 형성하라는 명령입니다. 삼위일체 하나님의 선물의 공동체적 형상을 회복한 하나님 나라의 주권자인 교회는 맘몬과 자본이 주는 욕망의 일상을 거부하고 하나님 나라의 가치에 따라 자립적인 생산 기반을 갖는 생활 공동체를 형성해 가는 권능을 부여받았습니다. 누군가에게는 이상에 불과한 것이, 주권자의 권

능을 대가를 치르고 오늘의 현실 가운데 행사하고자 하는 자들에게
는 현실이 됩니다. 장차 올 세상을 살고자 하는 이들에게 필요한 것
은 이 세상 맘몬의 질서를 뛰어넘는 새로운 사회적 상상력과 예언자
적 상상력입니다. 우리는 우리의 상상 이상으로는 살 수 없습니다.
교회가 다른 삶에 대한 상상력이 빈곤하다면 제국이 우리의 상상력
을 사로잡는 데 성공했다는 증거입니다. 거래 관계와 대가가 오가는
시장경제가 모든 사회적 관계를 장악한 시장 사회, 소비 사회에 대한
응답으로 대가 없이, 계산 없이 주어지는 생활 세계의 선물의 경제
를 살피고자 합니다.

주권자 신앙, 벗-동무 신학

키르케고르는 "하나님께 대한 의존이야말로 유일한 자립입니다"
라고 했습니다. 우리가 섬기는 자아, 맘몬의 우상 숭배를 끊어 버리
고 하나님 앞에 단독자로 서는 것만이 하나님께 대한 진정한 의존입
니다. 단독자로 세워진 신앙의 주체들은 더 이상 노예나 종이 아닙
니다. 옛 이스라엘 시대에 1년 중 하루만, 그것도 대제사장만이 들어
가던 지성소에 '왕 같은 제사장'으로 직접 나아가 하나님을 뵐 수 있
습니다. 하나님 앞에 단독자로 세워진 신앙의 주체-주권자들은 주
인과 노예의 관계로 만나지 않습니다. 서로가 서로를 책임지는 벗-
동무들의 친구의 영성은 우리가 오랫동안 잃어버렸던 복음의 영성
입니다.

교회는 주인과 노예, 지배자와 피지배자가 아닌 대등하고 평화로운 친구들의 모임입니다. 공자가 《논어》에서 인생의 세 가지 큰 즐거움 중에 하나로 친구를 드는 것을 보면 예나 지금이나 좋은 친구란 우리에게 큰 화두임에는 틀림이 없는 것 같습니다.

눈을 돌려 성경을 살펴보면, 역시 친구 이야기가 곳곳에 숨겨진 것을 발견할 수 있습니다. 삼위일체 하나님은 서로 지배하거나 지배당하는 관계가 아니라 동등한 친구가 되십니다. 무엇보다도 예수 그리스도가 좋은 친구로서 자신을 나타내 보였습니다. 예수님의 관계 맺음은 삼위일체 하나님의 친교를 세상에 드러내는 것이었습니다. 그는 사람들이 선뜻 사귀기를 꺼리는 과부, 고아, 병자, 범죄자의 친구였습니다. 그를 따르던 제자들의 친구이기도 했습니다. 우리에게 예수는 제자들의 '친구'라기보다는 '유세遊說하던 선생'의 이미지가 강합니다. 근엄한 아버지나 열띤 연설가의 이미지가 떠오를 것입니다. 그러나 누구보다도 예수는 스스로 제자들의 친구이기를 바랐습니다. 마지막 날 밤 남기신 말씀 중에 제자들을 친구라고 불러주셨습니다.

나의 계명은 이것이다. 내가 너희를 사랑한 것과 같이, 너희도 서로 사랑하여라. 사람이 친구를 위하여 목숨을 버리면 이보다 더 큰 사랑은 없다. 내가 너희에게 명한 것을 다 행하면 너희는 내 친구다. 이제부터는 내가 너희를 종이라고 부르지 않겠다. 종은 주인이 무엇을 하는지 알지 못한다. 나는 너희를 친구라고 불렀다. 내가 아버지에게서 들은 모든 것을 너희에게 알려 주었기 때문이다(요 15:13-15, 표준새번역).

친구란 대등한 관계를 전제합니다. 예수는 마지막 날 밤에 그가 지상에서 이루고자 했던 것이 제자들과 친구로 사귀는 것이었음을 분명하게 나타내십니다. 그리고 "사람이 친구를 위하여 목숨을 버리는 사랑보다 더 큰 사랑은 없다" 하십니다. 예수와 친구가 되는 조건이 하나 있는데 그것은 예수와 서로를 목숨을 다해 사랑하는 것입니다.

물론 이 사랑은 예수가 보여 준 '친구간의 사랑aphileope'입니다. 'aphileope'는 예수 그리스도가 보여 주는 진정한 타자로서의 섬김을 나타내는 신조어입니다. 하나님께서 관계를 맺는 방식이 한 가지로만 다 설명되는 것은 아니고 스트로게, 에로스, 필레오, 아가페 중에서 어느 것도 적절하지 않다고 생각되어 새롭게 만든 말입니다. 구약에서는 이를 반영한 비슷한 개념으로 '헤세드'가 있습니다.

이렇게 예수는 하나님 자신이지만 겸손히 자신을 낮추어 인간인 우리를 대등한 친구로 삼으십니다. 제자들에게는 '친구'가 당시 이스라엘을 지배하던 헬라문화의 영향으로 갖가지 연緣을 통해 유능한 젊은이들이나 유력자들을 자신의 후원자로 삼거나 이 만들어진 관계를 이용하여 일정한 이익에 개입하는 브로커들을 의미했을지도 모르겠습니다.

그러나 예수에게 친구는 결코 이익에 따라 관계를 맺고 돌아서는 그런 관계를 의미하지 않았습니다. 예수가 보여 준 친구의 모습은 어떤 이익, '운동'을 함께하는 관계 이전에 그와 '생활'을 함께하는 공동체를 의미했습니다. 예수는 친구들과 함께 생활하며, 친구들의 이야기를 먼저 듣고 대화하며, 친구들의 삶에 마음을 같이하여 울고 웃었습니다. 생활이 그의 운동방식이었습니다. 예수는 제자인 친구들에게 자기의 삶과 앎을 선물로 주는 친구였습니다.

이 공동체는 예수의 친구들-형제자매들의 모임이지 계급과 직분이 구별되는 모임이 아니었습니다. 또한 예수는 친구들을 지배하려 하지 않았고, 친구들에게 지배당하지도 않았습니다. 예수는 먼저 지배가 아닌 섬김으로 올바른 이웃으로서, 친구 된 제자들에게 진정한 타자로서 거울이 되어 주었습니다.

창조를 통해 하나님과 같이 대등한 사역의 동반자요 친구로서 창조된 첫 남녀는 따로 또 같이 서야 할 자리에 있었음에도 서로가 먼저 선 자, 지배하는 자, 뛰어난 자로 서 있기를 바라는 욕망으로 섬김의 관계를 어그러뜨립니다. 서로 섬기는 관계인 하나님의 형상은 정사와 권세로 서로를 지배하는 악마의 형상으로 역전되었고, 천국은 수용소군도로 바뀌었습니다. 이 둘은 추방되는 그 순간까지도 그들을 섬기시는 하나님의 겸손하신 섬김을 깨닫지 못합니다.

그리하여 예수의 섬김은 큰 자가 작은 자를 섬기리라는 신탁을 몸으로 보여 주는 것이었습니다. 야곱은 이 신탁을 스스로 이루고자 형을 속이고, 지배하고 싸워 이기려 했지만 얍복 강가에서 먼저 하나님이 지시는 섬김을 통해 섬김은 이기는 것이 아니라 지고 죽는 것임을, 지고서 인생의 나머지는 하나님이 주관하시도록 넘겨 드려야 함을 깨닫습니다. 야곱은 엇갈려진 유언을 통해 죽는 순간에 '섬기는 자가 큰 자'임을 보여 줍니다. 예수는 진정한 친구는 먼저 허리를 굽히고 고개 숙여 섬기는 자가 되어야 함을 마지막 날 밤 손수 허리띠를 동여매고 제자들의 발을 씻음으로 분명히 실천하십니다.

예수는 가야 할 길을 알고 있었기에 떡의 시험, 종교적 열광주의의 시험, 뛰어나 보이고자 하는 욕망의 시험에서 마귀의 도전을 격파합니다. 오병이어 사건 이후 메시아상을 그리며 자신을 찾아온 무리들을 빈손으로 돌려보내고, 변화산의 체험에 머물고자 하는 제자들의 요구도 거절합니다. 자신의 마음을 가장 잘 알고 이해했던 베드로가 영광의 길을 바라며 십자가의 길을 만류할 때 예수는 단호했습니다.

우리는 예수를 통하여 주인-아버지의 인정을 끊임없이 바라는 노예 근성에서 벗어나게 되고, 친구란 우리가 지배할 수 없는 타자의 것이며 결코 환원되지 않는 고유한 주이상스(타자성, 고유함)를 갖는 자기 삶의 주체임을 배우게 됩니다. 예수가 바란 것은 자기 삶의 주체인 친구이지 노예가 아니었습니다.

예수가 바란 친구는 자기 길을 가는 삶의 주체로서 친구를 자유롭게 섬기는 자들입니다. 이스라엘에게 친구로서의 형제-자매애는 율법의 대의였기에 하나님을 사랑하고 이웃을 사랑하라는 말은 두 가지 의미가 아니라 한 가지 의미, 즉 그 사랑의 대상이 누구든 서로 대등한 주체인 타자로서 친구를 섬기는 것이 됩니다.

우리가 예수를 진정한 친구로 사귀어 간다면 다른 이념, 계급, 문화, 종교, 인종, 성을 지녔다 할지라도 그들을 친구로서 받아 안을 수 있을 것입니다. 하나님이 지으신 온 세상의 창조물들, 생명들, 특히 잃어버린 한 영혼의 가치보다 더한 가치는 없다는 것과 우리의 기준이 얼마나 자의적인 편견에 가득 찬 것인지를 알게 되며, 서로가 하나의 생명으로 연결된 '혼종의 문화-작은 공동체' 가운데 이미 살고 있음을 깨닫게 됩니다.

하나님 나라를 왕국으로 이해하는 분들이 많지만 하나님의 나라는 하나님의 통치를 뜻합니다. 지상의 왕권 모형이 중심이 아닙니다. 하나님의 통치는 지상적인 지배권력 구조를 전적으로 부정하고 역전시키게 됩니다. 오직 하나님이 다스리고 성도는 주님 안에서 서로 각자 형제자매일 뿐만 아니라 더 나아가 큰 자이신 하나님은 겸손하게 낮아지셔서 작은 자인 우리를 당신의 친구로 불러 높이시고 지배와 굴종, 주인과 노예의 관계에서 해방시키십니다.

초대교회가 박해받은 이유는 공공 장소에서 그리스도를 주로 고백하기를 서슴지 않았던 급진적 제자도 때문입니다. 지금 한국 교회에 필요한 것은 전쟁과 폭력을 획책하는 내외의 세력들에게 평화와 화해의 복음을 선포하는 선지자적·예언자적 친구의 영성입니다. 평화의 주를 향한 공공의 영역에서 멈추지 않는 급진적이고 담대한 신앙고백이 필요합니다. 평화의 평화적 실천, 가장 약함으로 가장 강함을 드러내신 예수 그리스도의 십자가의 방법, 권력과 권위를 스스로 내려놓고 끝까지 용서와 화해의 길을 가신 예수님의 길을 따라가야 합니다. 목사들이 교회의 주인 노릇하며 성도들을 의존적인 노예의 신앙으로 지배하는 것은 인간이 스스로를 하나님 자리에 두는 자기 숭배의 죄를 범하는 것입니다. 하나님 나라의 공평과 정의, 평화와 화해의 복음이 무엇인지 분명하게 알고 행하는 주체신앙이 한국 교회에 필요합니다. 남과 북이 이념적인 우위를 군사력으로 관철하려는 적대적 관계나 서로를 적당히 거리를 두는 손님 정도로 가끔 환대하는 관계가 아니라 평화와 화해의 주체로서 서로를 인정하고 적극적으로 남과 북이 서로를 친구 삼는 데 평화와 화해의 복음을 아는 예수님의 친구들이 필요합니다. 동아시아 평화 공동체를 제국의 힘과 질서에 의지하는 것이 아니라 주님이 주신 주권자의 신앙을 가지고 그들을 우리의 친구로서 맞이할 준비가 되어 있어야 합니다. 우리 이웃들을 경제적으로 지배하거나 지배당하지 않는 경제민주화를 만들어 가야 합니다. 구조적인 빈곤 속에서 채무 노예의 삶으로 비참하게 살아가는 이들에게 교회는 빚 탕감의 공동체가 되어 이들 빈곤한 자들을 친구로서 맞이해야 합니다. 더 이상 제국의 지배, 맘몬의 지배를 받는 노예가 아니라 하나님 나라의 당당한 성도로서 주체적으로 서도록 우리 안의 이기적인 소비 욕망들을 깨고 자유로운 주체들로 우리의 다음 세대를 세워 가야 합니다. 더 이상의 하나님 나라 비밀은 없습니다. 하나님 나라 가치에 따라 세상을 섬기라는 부르심을 받은 주권자인 우리에게 하나님 나라를 만들어 갈 책임이 주어졌습니다.

서로 내어 주시는 삼위일체 하나님

맘몬이 지배하는 질서는 개인에게 모든 책임을 전가합니다. '약탈적 금융사회'의 높은 사회적 생존비용을 지불할 수 없는 거의 모든 이들이 불행해지고 약한 부분부터 파산하는 '빚 권하는 사회'입니다. 개인과 가계에 전적으로 책임이 지워진 이 높은 사회적 생존비용을 낮추고 결혼, 출산, 육아, 교육, 거주, 복지, 의료 등을 공동체가 책임짐으로써 서로의 존재가 서로에게 선물이 되는 '선물의 경제 공동체'는 대가의 경제, 거래 관계로 모든 것을 환원하는 시장 경제를 사는 우리 한국 교회와 사회가 앞으로 고민하며 나아갈 방향입니다.

하나님의 선물의 경제oikonomia doni란 기본적으로 삼위 하나님 한 분 한 분이 서로에게 서로를 전부 내어 줌으로 일어나는 삼위일체 하나님의 공동체가 하나 되시는 관계의 신비를 이르는 말입니다.

미로슬라브 볼프에 따르면 하나님의 삼위일체는 선물의 경제의 영원한 선순환입니다. 세상을 섬기는 주권자이신 삼위일체 하나님의 공동체적 형상은 각각 세 분이지만 서로를 서로에게 자발적으로 내어 줌으로 서로가 하나 되는 놀라운 신비, 선물의 지속 가능한 선순환인 선물의 경제입니다. 볼프는 이 선물의 방향이 바깥으로 향한다고 보았습니다. 삼위일체 하나님의 선물의 경제는 먼저 안으로 서로에게, 그리고 밖으로 창조세계에 선물이 선순환되는 삼위일체 하나님의 공동체 선교입니다. 삼위일체 하나님의 선교 공동체는 들숨과 날숨처럼 선물의 선순환이 들어오고 나가는, 세상 가운데 호흡하는 선물 공동체입니다.

그러므로 놀랍게도 삼위일체 하나님의 공동체적 형상은 곧 그리스도의 몸인 교회의 형상입니다. 그리고 그것이 곧 하나님의 형상을 닮은 인간의 형상입니다. 인간의 형상을 사고하는 능력, 인식하는 능력, 희망하는 능력, 타자를 섬기는 능력 등으로 보는데 저는 바로 '선물의 경제'라고 생각합니다. 선물의 경제는 서로가 주체인 친구가 되는 것이요, 이 벗들이 서로 선물이 되는 존재로서 공동체를 이루고 세상 가운데 선교하는 모습, 하나님께서 자신 안에서 선물의 경제를 이룰 뿐만 아니라 선물로서 이 세상을 창조하신 것을 이르는 말입니다. 창조가 선물입니다. 그 안에 생명을 주셨습니다. 생명은 놀라운 선물입니다. 그리고 우리에게 주어진 현재도 놀라운 선물입니다. 내 앞에 있는 가난하고 병들고 아픈 존재가 하나님의 형상인 선물이라는 것입니다. 바로 이런 인식에 이를 때, 하나님 나라의 선물의 경제 신학이 완성됩니다. 잃어버린 영혼들과 함께 이 세상 가운데 하나님 나라의 선물의 경제 신학의 질서를 이루면서 살아가는 것, 이것이 진정한 의미의 하나님 나라의 경제 신학입니다. 서로가 서로에게 선물이 되면서 공동체를 이뤄 가는 것입니다.

선물로 오신 예수 그리스도

주 여호와의 영이 내게 내리셨으니 이는 여호와께서 내게 기름 부으사 가난한 자에게 아름다운 소식을 전하게 하려 하심이라 나를 보내사 마음이 상한 자를 고치며 포로된 자에게 자유를, 갇힌 자에게 놓임을 선포하며 여호와의 은혜의 해와 우리 하나님의 보복의 날을 선포하여 모든 슬픈 자를 위로하되 무릇 시온에서 슬퍼하는 자에게 화관을 주어 그 재를 대신하며 찬송의 옷으로 그 근심을 대신하시고 그들이 의의 나무 곧 여호와께서 심으신 그 영광을 나타낼 자라 일컬음을 받게 하려 하심이라(사 61:1-31)

낭비가 용납되지 않는 계산적이고 기계적인 대가의 경제를 깨는 선물의 경제는 예수님이 공생애를 시작하며 말씀하신 하나님 나라 선물의 경제 희년 공동체와 맞닿아 있습니다. 희년이야말로 화해 공동체를 복원하는 선물의 경제입니다. 예수님이 이 땅에 오셔서 선포하신 이사야 61장 1-3절의 말씀은 바로 희년의 선포였습니다. 존 하워드 요더가 《예수의 정치학》에서 주장하듯 예수님의 복음은 이 희년 공동체를 지향하는 정치적 편파성을 지닌 선물의 경제였습니다.

사도행전에 나타난 초대교회의 유무상통의 선물의 경제는 삼위일체 하나님의 공동체적 형상을 이해하는 열쇠일 뿐 아니라 예수님의 복음 이해이자 교회 공동체론이며, 시장경제를 뛰어넘은 대안 경제론의 핵심입니다. 선물의 경제의 관점에서 교회 공동체는 삼위일체 하나님의 공동체적 형상인 선물 경제의 선순환이 일어나는 벗-동무들의 평화 공동체입니다.

복음의 황금률은 대가의 경제가 아닌 선물의 경제입니다. 고대 근동의 함무라비 법전부터 현대의 전략 시뮬레이션 프로그램 생존 게임에 이르기까지 가장 널리 알려져 있는 생존 원칙은 동해 보복의 원칙입니다. 하지만 예수 그리스도는 이 인간 세상의 오래된 지혜를 거부하십니다.

'눈에는 눈으로 갚지 말고, 이는 이로 갚지 말라. 악한 자를 똑같은 악으로 대접해 똑같이 악한 자가 되지 말라. 네 오른뺨을 쳐서 모욕하거든 분노하거나 기죽지 말고 당당하게 서서 네 왼뺨을 돌려 대어 이웃들에게 분명하게 악한 자의 행위를 보게 하라. 또 법정에 송사를 일으켜 속 살림의 밑천을 들어내려는 자에게 겉옷까지 내어주어 완전히 벌거벗겨 먹으려는 그들의 의도대로 다 이루어지게 하라. 자기 삶이 있는데, 남을 지배하며 억지로 부담 지우는 사람들에게는 두 배로 일해 주라. 두 배로 노동력을 선물하라. 구하는 자가 있으면 나누고 빌리는 자가 있으면 빌려 주라. 원수에게도 조건 없는 용서를 선물하라.'

놀랍게도 하나님 자신이신 예수 그리스도가 보여 주신 삶의 방식은 적자생존과 약육강식의 세계 속에서 살아남는, 본능에 충실한 삶이 아니었습니다. 예수 그리스도는 대가의 경제의 전형인 야곱에게 임했던 선물인 "큰 자가 작은 자를 섬기리라"는 말씀을 현실 세계에서 실현시키십니다. 큰 자가 작은 자를 섬기리라는 말씀은 타인을 속여서라도 밟고 올라서는 철저히 계산된 경제인 약육강식 무한경쟁 적자생존으로 오인됩니다. 예수 그리스도의 삶은 세속적 기준으로는 현실적이지 않았으나 계산하지 않고 큰 자가 작은 자를 섬기는 하나님 나라를 현실에서 사셨습니다. 산상수훈의 새 계명은 불가능한 가능성이 아니라 인간이신 예수 그리스도의 삶의 고백이며, 이미 임한 하나님 나라의 철저한 실현과 선포입니다. 하나님 나라에서는 계산 없이 큰 자가 작은 자를 섬깁니다. 얍복에서 하나님은 이기기 위해 끊임없이 속이는 야곱에게 대가없이 '져' 주십니다. 하나님의 가장 큰 선물은 '지심'입니다. 하나님 나라에서는 용서하고 지는 자가 이기는 자입니다. 하나님 나라는 큰 자가 작은 자가 되고 작은 자가 큰 자가 됩니다.

우리는 이웃을 어떤 얼굴로 만나고 있습니까? 무한경쟁에서 이기는 삶을 위해 생존과 안전, 인정의 자원으로 계산된 물화된 포식 대상인가요? 제 몸의 피와 살을 먹이신 예수 그리스도는 어떤 얼굴로 우리를 찾아오시나요? 이웃을 헤아리는 그 헤아림으로 우리는 헤아림을 받습니다. 예수 그리스도는 가난한 자, 병든 자, 연약한 자만 밥

이 되는 세상에서 계산과 대가 없이 자신을 밥으로 주십니다. 우리의 이웃은 본래 서로가 서로에게 선물로 주어지는 밥입니다. 그래서 하나님 나라는 절망스런 세상에서 희망의 경제요 대가없는 선물의 경제입니다.

선물의 경제 셈법

천국은 마치 품꾼을 얻어 포도원에 들여보내려고 이른 아침에 나간 집 주인과 같으니 그가 하루 한 데나리온씩 품꾼들과 약속하여 포도원에 들여보내고 또 제삼시에 나가 보니 장터에 놀고 서 있는 사람들이 또 있는지라 그들에게 이르되 너희도 포도원에 들어가라 내가 너희에게 상당하게 주리라 하니 그들이 가고 제육시와 제구시에 또 나가 그와 같이 하고 제십일시에도 나가 보니 서 있는 사람들이 또 있는지라 이르되 너희는 어찌하여 종일토록 놀고 여기 서 있느냐 이르되 우리를 품꾼으로 쓰는 이가 없음이니이다 이르되 너희도 포도원에 들어가라 하니라 저물매 포도원 주인이 청지기에게 이르되 품꾼들을 불러 나중 온 자로부터 시작하여 먼저 온 자까지 삯을 주라 하니 … 먼저 온 자들이 와서 더 받을 줄 알았더니 그들도 한 데나리온씩 받은지라 받은 후 집 주인을 원망하여 이르되 나중 온 이 사람들은 한 시간밖에 일하지 아니하였거늘 그들을 종일 수고하며 더위를 견딘 우리와 같게 하였나이다 주인이 그 중의 한 사람에게 대답하여 이르되 친구여 내가 네게 잘못한 것이 없노라 네가 나와 한 데나리온의 약속을 하지 아니하였느냐 네 것이나 가지고 가라 나중 온 이 사람에게 너와 같이 주는 것이 내 뜻이니라 내 것을 가지고 내 뜻대로 할 것이 아니냐 내가 선하므로 네가 악하게 보느냐 이와 같이 나중 된 자로서 먼저 되고 먼저 된 자로서 나중 되리라(마 20:1-16)

포도원 주인은 품꾼들을 데리고 와서 약속한 대로 똑같이 품삯을 나누어 줍니다. 그런데 더 일찍 온 일꾼들이 불평합니다. 우리의 판단으로 먼저 온 일꾼의 생각에 동조하고 싶을지 모릅니다. 그러나 3절, 7절을 보면 포도원 주인이 삼시에 나가 보니 "장터에 놀고 섰는 사람들이" 있었다고 했습니다. 또 육시와 구시와 십일시에도 장터에서 그들은 "놀고 있었다"는 말이 반복됩니다. 포도원 주인이 부르기 전에 일군들은 쓸데없이 시간을 낭비하면서 살던 사람들이었습니다. 포도원 주인이 육시, 구시, 십일시에 일군을 부른 것 자체가 합리적이지 않습니다. 단순히 일을 시키는 것이 목적이었다면, 먼저 온 자들에게 일을 더 시키든지, 나중 온 자들의 품삯을 줄이든지 했을 것입니다. 품꾼들은 원래 포도원에 들어와 일할 자격이 없던 사람이었습니다. 그러나 이 비유의 포도원 주인은 일을 시키는 것이 목적이 아니라 품꾼을 도우려는 것이 목적이었습니다.

하나님 나라는 바로 품꾼을 얻어 포도원에 들여 보내려고 이른 아침에 나간 집 주인과 같습니다. 하나님 나라는 계산법이 다릅니다. 품꾼들의 관심은 품삯에 있었지만, 집 주인의 관심은 품꾼에게 있었습니다. 쓸데없이 인생 낭비하며 잘못 살고 있는 사람들을 하나님 나라에 들어오게 하셔서 거룩한 주님의 일꾼으로 쓰시는 것이 하나님의 관심입니다. 우리는 본래 부르심을 받기 전 인생을 낭비하고 무의미하게 놀고 있었던 사람들입니다. 그런데 우리를 부르셔서 구원하셨습니다. 이것이 은혜 아닙니까? 우리의 죄를 사하시고 구원하신 것만 해도 감사한데, 일군까지 삼아 주셨습니다. 이것이 은혜입니다.

오래된 관계의 특징은 계산한다는 것입니다. 원래 하나님과 우리의 관계는 주고받는 관계, 기브 앤드 테이크의 관계가 아닙니다. 사람은 함부로 하나님과 셈할 수 없습니다. 하나님과 인간은 계산이 안 됩니다. 하나님이 우리에게 일방적으로 계속 주시는데, 우리는 믿고 나서 좀 지나면 드릴 것이 있다거나 드렸다고 착각합니다. 하나님 나라는 본질적으로 계산과 안 맞습니다. 은혜의 나라입니다. 원래 모든 것은 온 세상의 주인이신 하나님의 것입니다. 우리가 해야 할 것은 이것을 인정하는 것뿐입니다. 내 생명, 내가 가진 것 모두, 내 지위, 내 재산, 나의 가족들까지 모두 하나님 것이니, 하나님이 가져가신들 우리는 아무 소리도 할 수 없습니다.

이 은혜 의식, 감사 의식을 잃어버릴 때 계산 의식에 사로잡힙니다. 먼저 된 자가 나중 되는 위기가 찾아오는 순간입니다. 옆의 사람이 몇 시에 오든 무슨 상관입니까? 옆 사람 보기 시작하면 시험 들기 시작합니다. 다른 사람 보기 시작하면 이것도 부족하고 저것도 부족해 보입니다. 비교의식은 안 됩니다. 지금 이 모습이 하나님이 허락하신 최선입니다.

바울은 내 안에 사는 것은 그리스도니 내가 죽는 것도 유익하다고 고백했습니다. 어려움 가운데 계신 분도, 어려움이 지나간 분도 다 감사한 것입니다. 심지어 좀 망하면 어떻습니까? 오히려 내가 망해 하나님이 영광을 받으신다면 기뻐할 일 아닐까요? 한번 계산해 봅시다. 바울은 로마서 1장 14절에서 "나는 빚진 자"라고 말합니다. "헬라인이나 야만이나 지혜 있는 자나 어리석은 자에게 다 내가 빚진 자라." 하나님은 우리를 천하보다 귀한 자로 여기시고 귀한 아들을 우리 대신 십자가에 내주셨습니다. 우리는 하나님께 무한한 사랑의 빚, 생명의 빚, 십자가의 빚을 진 자들입니다. 그 빚을 바다의 한 방울만큼이라도 갚을 수만 있다면 이보다 더 감사한 일이 어디 있겠습니까? 이 복된 소식을 때를 얻든지 못 얻든지 전할 수만 있다면 망하든 살든 무슨 상관이 있겠습니까?

선물을 남의 선물과 비교하며 셈하는 것은 어린아이나 하는 어리석은 행동입니다. 선물을 주는 것은 모든 것을 소유하신 하나님의 자유이고, 하나님의 환대와 베풂을 세상의 셈법으로 계산하려는 시도는 하나님 나라 안에서 성공할 수 없습니다.

출애굽한 이스라엘 백성이 가나안에 왔지만 그 삶의 방식이 이집트의 방식과 얼마나 달랐을까요? 이집트가 맘몬 제국의 중심이었다면 가나안은 그 주변부라는 차이 정도였을 것입니다. 이스라엘 백성은 광야에서 십계명을 통해 배운 하나님 사랑, 이웃 사랑의 만나 경제, 선물의 경제로 이 맘몬의 제국에서 하나님 나라를 지금 여기서 현실로 살라는 부르심을 받았습니다.

> 가로되 내가 모태에서 적신이 나왔사온즉 또한 적신이 그리로 돌아 가올찌라 주신 자도 여호와시요 취하신 자도 여호와시오니 여호와의 이름이 찬송을 받으실찌니이다(욥 1:21)

인간이 가진 모든 것은 하나님의 선물입니다. 주신 분도 하나님이요 거두어 가시는 분도 하나님입니다. 인간이 가진 것은 하나님에 의해 다른 이에게 언제든지 선물로 흘러나갈 수 있습니다.

> 너희의 원수를 사랑하고, 너희를 박해하는 사람을 위하여 기도하여라. 그래야만 너희가 하늘에 계신 너희 아버지의 자녀가 될 것이다. 아버지께서는, 악한 사람에게나 선한 사람에게나, 똑같이 해를 떠오르게 하시고, 의로운 사람에게나 불의한 사람에게나, 똑같이 비를 내려 주신다(마 5:44-45, 새번역).

원수를 위해 기도하는 것은 가장 지극한 선물입니다. 하나님은 악인이나 착한 자나 가리지 않고 비를 내리십니다. 이때의 비는 하나님의 선물입니다. 이 비와 같이 그리스도인들은 가리지 않고 악인과 원수에게 용서를 선물로 줍니다.

> 이에 주인이 저를 불러다가 말하되 악한 종아 네가 빌기에 내가 네 빚을 전부 탕감하여 주었거늘 내가 너를 불쌍히 여김과 같이 너도 네 동관을 불쌍히 여김이 마땅치 아니하냐(마 18:32-33)

하나님의 공동체는 빚을 탕감받는 선물의 공동체입니다. 내게 빚진 자들을 탕감한 것처럼 내 빚도 하나님께 탕감받을 것입니다. 하나님께 빚을 전부 탕감받는 자는 다른 이에게 빚 탕감을 선물로 줍니다.

> 요나가 매우 싫어하고 성내며 여호와께 기도하여 이르되 여호와여 내가 고국에 있을 때에 이러하겠다고 말씀하지 아니하였나이까 그러므로 내가 빨리 다시스로 도망하였사오니 주께서는 은혜로우시며 자비로우시며 노하기를 더디하시며 인애가 크시사 뜻을 돌이켜 재앙을 내리지 아니하시는 하나님이신 줄을 내가 알았음이니이다(욘 4:1-2)

하나님이 요나에게 이르시되 네가 이 박넝쿨로 말미암아 성내

는 것이 어찌 옳으냐 하시니 그가 대답하되 내가 성내어 죽기까
지 할지라도 옳으니이다 하니라 여호와께서 이르시되 네가 수
고도 아니하였고 재배도 아니하였고 하룻밤에 났다가 하룻밤
에 말라 버린 이 박넝쿨을 아꼈거든 하물며 이 큰 성읍 니느웨
에는 좌우를 분변하지 못하는 자가 십이만여 명이요 가축도 많
이 있나니 내가 어찌 아끼지 아니하겠느냐 하시니라 (욘 4:9-11)

요나는 합리적인 셈법을 가진 사람입니다. 이스라엘의 민족주의
셈법, 세상을 살아 본 남자의 셈법, 이치를 궁구한 학자의 셈법을 가
지고 있었습니다. 그는 도저히 하나님 나라의 셈법을 이해하기 힘들
었습니다. 하지만 자신의 삶에 깃든 하나님 나라의 셈법을 작은 고
난을 통해 몸으로 체득하는 순간 고꾸라집니다. 인간의 셈법이 어리
석었음을 깨닫습니다. 우리 인생은 하나님의 선물이 아니고는 한시
도 지탱할 수 없습니다. 하나님이 창조하신 자연(경제)은 원래 거저
받고 거저 주는 선물의 경제(신학)입니다. 재능 있는gifted 사람들은
세상에 선물gift을 나누라give 부르심 받은 사람들입니다. 하나님 나
라 공동체의 경제를 흐르게 하는 가치의 척도인 지역 화폐의 이름
은 '선물'이지요. 시장경제에서는 어떤 일을 하는 기준이 '돈이 되는
가'에 의해 결정됩니다. 하나님 나라 선물의 경제 공동체에서는 이익
이 안 되고 돈이 안 돼도 꼭 필요하면 그 일을 합니다.

시장 경제의 변방인 선물의 경제 공동체는 어딘가 어느 때 예측

하지 못한 시간에 전혀 예상하지 못하는 장소에서 솟아오릅니다. 시장 지상주의 사회의 변방에서 일어나는 선물의 공동체는 아무도 주목하지 않았지만 현재 가장 주목받는 곳이기도 합니다. 분명 하나님께서 아무도 주목하지 않는 선물의 경제가 흐르는 변방에서부터 새로운 변화를 준비하십니다.

선물의 경제는 시장경제와 대립합니다. 200년 전부터 시장경제가 모든 가치를 결정했습니다. 하지만 그 이전에는 선물의 경제가 훨씬 중요한 역할을 했습니다. 선물의 경제는 여기서 대가의 상호 교환인 시장경제의 사고 속에서 계산 없이 대가 없이 주어지는 그 무엇을 정의하는 이름입니다. 선물의 경제가 시장의 대가의 경제를 벗어날 때 그것을 이제 무엇으로 부를 것인가? 선물의 선순환을 무엇으로 부를 것인가? 그것을 공동체라 부를 수 있을 것입니다. 선물은 다른 무엇이 되지 않고 그냥 선물일 뿐입니다. 우애의 공동체를 이루는 벗-동무인 그들은 서로가 존재 자체로서 선물입니다. 벗-동무들의 친구들의 공동체가 왜 선물의 공동체일까요? 주인과 노예의 변증법적 운동을 깬 자유로운 주체들은 계산 없이 자신의 존재를 친구들에게 선물하기 때문입니다.

병을 짊어지시다

예수께서 베드로의 장모를 고치셨습니다. 열병이라고 했으니 얼마나 증세가 중한지는 알 수 없으나, 앓아누웠다는 표현을 쓴 것을 보면 병이 가볍지만은 않았습니다. 예수께서 장모의 손을 만지시니 열병이 나았습니다. 그런데 병자를 만지시는 예수님의 모습이 눈에 들어옵니다. 아프고 불결해 보이는 이들을 직접 만지는 일은 쉽지 않습니다. 허준 같은 명의가 존경받는 이유는 뛰어난 의술도 한몫하겠으나 피고름을 입으로 빨아내는 마음의 인술에 더 감명을 받기 때문이기도 합니다. 병자들은 감염의 이유, 종교적 이유 때문에 사회적으로 격리되고 사회적 관계로부터 단절되었습니다. 이 아픈 사람에게는 직접 병을 고치는 치료도 중요하지만 그 마음의 고립감, 사회적 단절을 치유하는 다가섬이 더욱 중요합니다. 요즘은 지역 개발을 통해 아예 이런 연약한 자들을 눈에 보이지 않게 사회적으로 격리하고도 양심의 가책조차 받지 않지만 예수님의 제자들은 이렇게 격리되고도 단절된 사람들을 찾아가 터치하는 일들을 감당할 소명이 있습니다. 장모는 낫자마자 예수님을 섬깁니다. 즉시 순종이 일어납니다. 마음이 가난한 자가 복이 있습니다. 날이 저물자 소문을 들었는지 귀신들린 자, 아픈 자들이 몰려듭니다. 예수님은 귀신들린 자들을 말씀으로 고치십니다. 구체적으로 어떤 말씀인지, 분명하지 않지만, 귀신들린 자들을 거절하시지 않고 말씀으로 대화하셨습니다. 병든 이들을 만져 주셨습니다. 예수께서는 이사야 선지자가 800여 년 전에 말씀하신 대로 "우리 연약한 것을 친히 담당하시고 병을 짊어지셨"(사 53:4)습니다.

본문을 원문으로 풀이해 보면, 예수님은 이 악과 독을 그 사람들의 연약함과 분리해 그 사람들의 연약함을 자신의 것처럼 공감하셨습니다. 사람들이 쏟아 내는 악과 독을 넘어 그 사람 자체의 연약함을 자신의 것으로 여기는 마음이 진짜 사랑입니다.

> 예수께서 베드로의 집에 들어가사 그의 장모가 열병으로 앓아 누운 것을 보시고 그의 손을 만지시니 열병이 떠나가고 여인이 일어나서 예수께 수종들더라 저물매 사람들이 귀신 들린 자를 많이 데리고 예수께 오거늘 예수께서 말씀으로 귀신들을 쫓아 내시고 병든 자를 다 고치시니 이는 선지자 이사야로 하신 말씀에 우리 연약한 것을 친히 담당하시고 병을 짊어지셨도다 함을 이루려 하심이더라 (마 8:14-17)

변질된 선물

선물은 주는 자가 계산하고 주면 뇌물이 되고, 받는 자가 욕심으로 받으면 도둑질한 장물이 됩니다. 주는 자와 받는 자가 브로커-스폰서 체제의 일부가 되어 선물이라는 이름으로 뇌물과 장물을 교환하는 '특권 과두체제'는 폭력을 배태하고 있습니다. 이 거래 관계의 폭력을 깨는 방법은 주인과 노예가 아닌 친구들의 선물의 경제 공동체로 선순환하는 것뿐입니다. 자신의 삶을 형성하는 주권자적인 왕의 형상을 지닌 주체적인 친구들은 서로에게 선물이 됩니다. 벗-동무들의 공동체는 하나님의 선물입니다. 거저 받았으니 거저 주는 것이 맞는데, 최소한의 감사도 없이 도둑질하는 욕망을 만나는 것은 유쾌한 기억은 아니지요. 그래서 선물은 동시에 독인 것입니다. 선물은 거저 주는 자나 받는 자가 계산 없이, 대가 없이 그냥 받아야 하는 것인데, 선물을 받는 자나 주는 자의 계산이 들어가면 불현듯 선물을 주는 자가 계산하여 뇌물로 만들고, 받는 자가 계산하여 받아 장물로 만듭니다.

가룟 유다는 선물의 복음을 이해하지 못하고 신앙을 돈으로 사고 팔았습니다. 선물 그 자체이신 예수님을 거래의 대상으로 보고 대가의 성전 경제에 포섭된 종교인들과 흥정하려 했고 선물 그 자체이신 예수님을 팔았습니다. 가룟 유다는 예수님과 함께하는 동안 시장 경제의 거래 셈법을 버리지 못하고, 복음은 대가 없이 계산 없이 주어지는 선물의 경제라는 사실을 깨닫지 못했습니다.

사도행전의 유무상통 선물의 공동체에서도 비슷한 사건이 일어납니다. 아나니아와 삽비라는 유무상통 선물의 경제를 하나님과의 거래 경제로 오해하고 선물을 통해 사회적 명예를 되돌려 받고자 거래를 시도했습니다. 이 세속적인 습관적 거래 행위는 공동체적 기초를 근본적으로 허무는 행위였습니다. 그 결과는 참혹했습니다. 하나님은 선물의 경제를 대가의 거래 경제로 오염시키는 행위에 대해 엄하게 징계하셨습니다. 초대교회의 유무상통 선물의 경제는 그분들이 잘나서가 아니라 교회를 세우시는 성령님이 역사한 결과였습니다.

예수님이 시험당하실 때, 돌덩이로 떡을 만들라는 유혹은 하나님 말씀으로 사는 하나님 나라 가치, 선물의 희년 공동체가 아니라 먹고사는 것이 우선이라는 시장경제의 질서, 맘몬의 질서를 따르라는 유혹입니다. 성전 꼭대기에서 뛰어내리라는 것은 종교 시장에서 두각을 나타내고 주목받아 상품 가치를 높이라는 시장경제의 유혹입니다. 천하만국을 보여 준 것은 맘몬 제국의 질서를 따라 네가 나를 섬기는 만큼 되돌려 주겠다는 권력 관계의 대가 거래, 신사참배 체제라는 대가의 경제입니다.

하나님 앞에 단독자로 서서 하나님의 선물인 복음을 경험한 친구들은 이제 세상의 대가 경제에서 자유로워집니다. 받았기에 주고, 주기에 돌려받기를 바라는 대가의 경제는 필연코 서로의 이익을 탐하는 약육강식 율법의 세상을 만들어 냅니다. 삼위일체 하나님이 선물의 경제이신 것처럼 그리스도의 몸인 교회도 세상에 또 하나의 선물로 주어집니다. 교회는 타자를 위한 존재라고 본회퍼가 말했는데, 저는 타자인 세상을 향한 하나님의 선물이라고 덧붙입니다. 서로가 서로에게 온전한 선물이 되시는 삼위일체 하나님의 공동체적 형상을 회복한 곳이 바로 교회입니다.

선물의 경제로 사는 법

정의와 공평이 살아 있는 십일조

십일조는 소득 수준에 따라 다른 의미를 지닙니다. 부유한 일부 계층에게 십일조는 문화비 정도의 의미입니다. 십일조를 해도 다른 보험, 교육 투자, 미래 연금 등에 거의 영향을 받지 않습니다.

중산층에게는 좀더 무게가 생깁니다. 십일조를 하면 보험이나 교육에 투자하기가 버거워집니다. 중산층에게 십일조는 미래에 대한 투자나 보험 정도의 비중을 차지합니다.

그런데 최저생계비 이하 빈곤 계층에게 십일조는 생존의 문제입니다. 저는 예수님께서 성전에서 과부의 두 렙돈을 칭찬한 의미가 거기에 있다고 봅니다. 먹고살 수 없는 최저생계비 이하의 소득에서 십일조를 더 내면 살기가 어렵지요. 특별히 예수님은 그래서 십일조

중 가난한 자의 십일조를 칭찬했습니다.

> 사람이 어찌 하나님의 것을 도둑질하겠느냐 그러나 너희는 나의 것을 도둑질하고도 말하기를 우리가 어떻게 주의 것을 도둑질하였나이까 하는도다 이는 곧 십일조와 봉헌물이라 너희 곧 온 나라가 나의 것을 도둑질하였으므로 너희가 저주를 받았느니라 만군의 여호와가 이르노라 너희의 온전한 십일조를 창고에 들여 나의 집에 양식이 있게 하고 그것으로 나를 시험하여 내가 하늘 문을 열고 너희에게 복을 쌓을 곳이 없도록 붓지 아니하나 보라(말 3:8-10)

교회에서 십일조를 강조할 때 많이 인용되는 구절입니다. 이 부분은 원래 제사장들에게 하시는 말씀입니다. 본문의 맥락을 살펴보면 지금 이 십일조와 헌물은 성도들이 바친 것들인데 이것을 누군가가 도둑질했다는 것입니다. 이들이 제사장들입니다. 이 하나님의 종들이 믿음 없이 하나님의 것을 도둑질해 대니 하나님의 것을 훔치지 말고 제대로 십일조 해라, 그러면 밥 먹고 살게 해주겠다고 책망하신 말씀입니다. 그러니까 하나님이 복을 주겠다고 하시는 것은, 드려진 십일조를 빼돌리지 말고 제사장들이 자기들 몫의 십일조를 제대로 드리면 밥 굶지 않게 하시겠다는 뜻입니다.

복이란 무엇일까요? 진짜 복이란, 예수님이 이 땅 가운데 성육신

하셔서 직접 대답해 주신 공평과 정의가 있는 팔복입니다. 의를 위해 고난 받는 자가 복을 받습니다.

십일조란, 나의 모든 것이 하나님 것이지만 소득의 10분의 1을 떼서 하나님께 드림으로 내 소유, 나의 삶 전부가 하나님의 것이며 하나님이 나의 주님이심을 인정하는 행위입니다. 내 것은 아무것도 없습니다. 모두 하나님 것입니다. 십일조는 최소 기준입니다. 할 수만 있다면, 십의 2조, 3조도 할 수 있습니다. 그러나 저는 십일조를 다른 의미에서 강조하고 싶습니다.

고통당하는 사람들을 위해서 교회가 도울 수 있습니다. 후원할 수 있습니다. 많은 기독 NGO 단체들이 있습니다. 평화운동하시는 분들, 북한 난민을 돕고 계신 분들 많습니다. 이런 분들을 찾아서 꼭 도와야겠다고 생각되시는 곳 한 군데를 정해서 후원하기 시작하십시오. 북한 아이들을 돕기 위한 '만원의 기적'도 있습니다. 만 원밖에 안 되지만, 그 힘이 모이면 어마어마한 일을 해냅니다. 어쩌면 우리가 후원을 안 하기 때문에 통일이 안 되는지도 모릅니다. 우리의 도움이 필요하고, 함께해야 할 곳이 많습니다. 이런 곳에 연결되어 소식을 듣기 시작하고, 그분들을 만나기도 하고 이야기도 한번 들어보세요. 그러면 성경이 다시 읽힙니다. 내가 보지 못했던 것이 보입니다. 엄청난 학습을 하고, 이론을 공부한다 해서 변화되지 않습니다. 소득의 일부분, 자기가 사랑하는 시간의 일부분을 드렸을 때 하나님께서 변화시키십니다. 어려운 것이 아닙니다. 그리고 80년 광주,

수많은 사람들이 죽고 다쳤는데, 광주 망월동 묘지에 가서 아프게 죽었을 그 사람들을 생각해 볼 수도 있습니다. 충분히 할 수 있습니다. 다른 이의 아픔을 같이하고, 공유하고 나가는 사람이 다른 사람들을 감동시킵니다. 왜 교회가 힘을 잃었냐면, 우리도 똑같이 세상 사람들처럼 잘 먹고 잘살고 이기적이 돼서 나 혼자 성공하겠다며 나만 생각하기 때문입니다. 세상과 똑같은 자기중심적인 삶에 무슨 감동이 있겠습니까? 아무런 영향력도 없습니다.

우리 그리스도인이 정말 힘이 있을 땐, 세상의 권력을 의지하지 않을 때입니다. 제일 무서운 사람은 돈으로 유혹해도 안 통하는 사람입니다. 누가 100억 준다고 합니다. 그런데 여기에 '아니오'라고 할 수 있는 사람이 있다면 엄청난 힘이 있는 겁니다. 어떤 사람이 100억을 주겠다고 왔는데 그것 받지 않으면 당시엔 욕하겠지만 마음 가운데 존경하는 마음이 생깁니다. 돈이 통하지 않는구나 합니다. 돈이 힘이 아닙니다. 권력이 힘이 아닙니다. 강하다고 힘 있는 것 아닙니다. 부끄럽게도 교회가 권력과 돈과 타협했습니다.

대부분 교회의 기부율, 즉 밖을 위해 쓰는 돈이 3퍼센트 이하입니다. 50퍼센트쯤 쓰면 안 될까요? 100퍼센트는? 우리는 우리끼리 해결하고, 우리 십일조는 전부 다른 이웃을 위해 쓰면 안 될까요? 공동체 안에서 그렇게 결정할 수 있습니다. 또한 우리가 그렇게 결정하고 사역자들에게 도전할 수 있습니다. "목사님, 목사님은 스스로 일해서 벌고 사세요. 내 십일조는 저렇게 써야겠습니다."

돈이 없다고, 가난하다고 못하는 거 아닙니다. 하나님 나라의 경제는 선물이 흘러오고 흘러가는 겁니다. 자본주의의 가장 큰 폐해가 돈을 축적하는 것입니다. 흘려보내지 않습니다. 우리는 끊임없이 스펙도 쌓고, 재산도 쌓고, 돈도 쌓으라고 배웁니다. 그러나 선물의 경제는 계속 흘려보내는 것입니다. 선물의 경제는 흐름의 신학이고 흘림의 신학입니다. 그리고 그 선물의 경제 안에서 공동체가 서로 연결되는 겁니다. 선한 선물의 네트워크가 형성됩니다. 이런 삶을 살기 전에는 선순환 네트워크가 안 보입니다.

헌법에 나타난 선물의 경제

대한민국 헌법 제119조 2항은 "국가는 균형 있는 국민경제의 성장 및 안정과 적정한 소득의 분배를 유지하고, 시장의 지배와 경제력의 남용을 방지하며, 경제주체간의 조화를 통한 경제의 민주화를 위하여 경제에 관한 규제와 조정을 할 수 있다"라고 규정하고 있습니다. 이는 우리 헌법이 사회국가원리, 사회적 경제를 지향하는 가치체계를 가지고 있음을 의미합니다.

또한 헌법 제1조를 살펴보면, "대한민국은 민주공화국이다", "대한민국의 주권은 국민에게 있고, 모든 권력은 국민으로부터 나온다"라고 규정합니다. 여기서 공화共和란 '두 사람 이상이 공동으로 함께 화합하여 공동의 이익을 추구하는 것'으로, 주권을 가진 국민이 선출한 대표자가 국가를 지배하고, 또 스스로도 대표자가 될 수 있는 제도를 통해 국민이 자신을 지배하는 국가 형태입니다. 민주공화국은 국민들이 주인이고, 왕이나 대통령이 주인인 세상이 아닙니다. 화和는 볍씨 화禾에 입 구口가 결합된 글자입니다. 밥을 같이 하는 밥상 공동체라는 뜻이지요. 민주공화국은 그래서 일부만 잘 사는 나라가 아니라 함께 나누며 살아가는 공동체를 의미합니다. 이런 의미에서 우리 헌법 제1조의 민주공화국, 주권재민, 제119조 2항의 경제민주화, 사회적 경제원리는 하나님 나라의 선물의 경제와 맞닿아 있습니다.

SNS를 통한 선물의 경제

소셜 네트워크 서비스SNS를 통한 사회 혁신은 다양한 형태로 우리 사회를 선물의 경제 사회로 변모시키고 있고, 이 흐름을 주도하는 선물의 흐름이 있습니다. '선물의 경제'는 단순히 무한경쟁의 사고가 아니라 재능과 자원을 나누는 공동체적 가치에 따라 협업을 통한 변화를 만드는 사회철학적 기초를 갖고 있습니다.

SNS를 통해 사람들이 만납니다. 사람들이 관계를 맺으면서, 자기 재능이 필요한 지점이 어딘지를 발견합니다. 예전에는 언론이 보도해야만 알았지만 SNS는 바로 전해집니다. 혈액이 필요하다거나, 집 잃은 강아지 찾는 것부터 인터넷에 올라오고, 거기에 바로 반응할 수 있습니다. 자신의 재능이 필요한 곳, 기부가 필요한 곳, 도움이 필요한 곳을 발견하게 되고, 곧바로 연결될 수 있습니다. 댓글을 달 수도 있고, 리트윗도 할 수 있습니다. 그런 세상으로 바뀌었습니다. 그리고 그 안에서 놀라운 일들이 많이 생겨났습니다.

미국의 최대 이동통신사 버라이즌이 온라인 요금결제 시 2달러, 우리 돈으로 2,000~3,000원의 수수료 부과를 발표했습니다. 옛날에는 부당해도 그냥 참았습니다. 해결할 방법이 없었습니다. 그런데 소셜 네트워크를 기반으로 하는 'change.org'가 생겨 났고, 반지하에 사는 22세 취업준비생이 이 이동통신사에 온라인 청원을 했습니다. 수만 명의 사람이 청원을 지지해 주었습니다. 그게 압력으로 가해지자 돈을 안.내도 되었습니다. 하루만에 철회시켰습니다. 단 한 명이 한 겁니다. 대기업을 상대로 단 한 명이 이러한 변화를 이끌어 냈습니다. 이런 일이 아주 많습니다. 세상이 변하고 있습니다.

사회적경제센터blog.makehope.org는 2012년 7월 '사회적 자본 생태계의 새로운 대안, 사회혁신 채권을 말한다'라는 제목으로 공개포럼을 개최했습니다. 선물의 경제의 중요한 부분이 바로 금융 부분의 선물의 경제 운동입니다. 볼로냐나 몬드라곤의 사례는 물론이거니와 영국의 사회 혁신 채권도 만성 기근에 시달리는 기독 운동판과 시민운동 진영에서 사회적 자본이 성장하는 경제생태계를 고민할 때 주목해야 할 새로운 사회적 상상력입니다.

콘텐츠 큐레이션

우리는 정보 시대에 살고 있습니다. 엄청난 양의 정보가 돌고 있고 점점 더 늘어나고 있습니다. 수많은 정보의 흐름 가운데 사회적으로 유의미한 정보를 찾아내 확산시키며 의제를 설정하는 기능이 콘텐츠 큐레이션입니다. 많은 정보 중에서 사회적으로 유의미한 것이 무엇인지 결정해서 꼭 필요한 사람에게 전해 주는 것입니다. 앞으로는 정보를 유통해 주는 사람만이 각광받는 것이 아니라, 콘텐츠 큐레이션을 할 수 있는 사람, 유의미한 것을 잡아내어 그것들을 사회적 의제로 삼아서 섬기는 사람이 각광받을 것입니다. 또한 이보다 더 발전된 형태로, 집단 지성으로 결합된 1인 미디어의 모임들이 정보의 생산, 유통, 평가를 실시간으로 하는 '직접미디어그룹'의 등장이 멀지 않았습니다. 이것 역시 선물의 경제의 한 예라고 볼 수 있습니다. 수많은 정보 중에서 유의미한 정보를 찾아내서 의제를 설정할 수 있는 재능을 나누는 것입니다. 그래서 좀더 많은 사람들과 꼭 필요한 정보를 공유하는 것입니다.

쿠바의 선물의 경제

현재 세계에서 가장 높은 수준의 의료 서비스를 받는 나라가 쿠바입니다. 쿠바는 우리가 생각하기에 잘사는 나라가 아닙니다. 그런데도 높은 수준의 의료 서비스를 받고 있습니다. 쿠바 의료 시스템의 두 가지 포인트가 있습니다. 하나는 나라에서 경쟁을 통해 능력 있는 의사들을 무료로 교육시킵니다. 6년, 10년 동안 무상으로 교육시킨 다음 그만큼의 기간 동안 지역 의료 진료소에 가서 가족 주치의로 봉사하게 합니다. 가족 주치의가 주로 하는 일은 그 사람들이 건강하게 살 수 있도록 예방적 진료, 즉 예방적 의료 서비스를 하는 것입니다. 병이 나면 진료받는 것이 아니라 아예 병이 생기지 않도록 시스템을 바꿨습니다. 수술하는 것이 주업이 아니라, 사람들이 건강할 수 있도록 도와줍니다. 자발적인 사회 환원과 행복한 섬김이 일어납니다. 사회는 아주 비싼 서비스를 아주 적은 비용으로 받을 수 있어서 좋습니다. 사회 자체로 보면, 사람이 병이 나서 쓰일 비용을 사전예방적인 의료 시스템을 통해 줄일 수 있습니다. 이것이 사회적 상상력인 거죠.

《생태도시 아바나의 탄생》(들녘, 2004)이라는 책이 있습니다. 그 아이디어에 영향을 받아서 세종 신도시가 설계된 것입니다. 꼭 많은 비용을 들이고 이윤을 내서 경쟁을 해야 행복해진다는 생각을 버리십시오. 더 불행해집니다. 그 외에도 협동조합 도시 볼로냐, 몬드라곤의 이야기를 다룬 책들도 좋습니다. 새로운 협동조합법이 우리 사회와 교회에 제3의 '협동조합 경제권'이라는 선물의 경제를 만들어 갈 것으로 기대합니다.

기적의 책꽂이

책과 재능의 선순환적 흐름은 다양한 형태로 SNS에서 시도되었고 진행되고 있습니다. '기적의 책꽂이'는 〈시사저널〉 고재열 기자를 중심으로 시작됐습니다. 책이 필요한 곳에 책을 나누자는 운동입니다. 자발적입니다. 아무도 돈을 받지 않습니다. 책을 내는 사람도, 책을 나누고 그곳에서 봉사하는 사람들도 모두 자발적으로 봉사하고 있습니다.

기적의 책꽂이는 '모두를 위한 책장'입니다. '가난한 집은 있어도 가난한 책장은 없게 하자'는 생각에 모두들 뜻을 모으고 동참했습니다. 봉사하시는 분들이 책의 기증, 분류, 책정거장, 배포 등에 이름도 없이 빛도 없이 수고하고 계십니다. 특히 고재열 기자가 이 운동을 위해 열심히 뛰고 있습니다. 누구나 '백만 권이 팔리는 책을 쓰는 베스트셀러 작가'가 되기는 어렵지만 우리 모두 선물의 경제로 나눔에 동참할 때 '백만 권의 책을 나누는 작가'가 될 수는 있습니다.

'기적의 책꽂이'는 책으로 대표되는 '지식'이 먼지 쌓인 서가에 머무는 것이 아니라 필요한 곳으로 흘러가고 또 흘러들어 가는 세상을 꿈꾸는 선물의 경제의 좋은 사례입니다. 선물의 경제라는 사회적 혁신의 좋은 씨앗으로 배움과 나눔, 흘림, 공유의 중요성을 깨우치는 마중물 역할을 하고 있습니다.

기적의 책꽂이 연산법은 독특합니다. 일단 책꽂이에서 잘 안 읽는 책을 뽑아 옵니다(빼기). 이 책들을 기증된 책들이 모이는 '책정거장'에 보냅니다(더하기). 이제 책 더하기로 모아진 책들을 나눠갈 곳에서 와서 골라 갑니다(나누기). 책장에 꽂혀 있던 책들이 필요한 곳으로 흘러들어 가서 나눔을 실천한 사람과 흐름에 동참한 봉사자들, 이 선물의 흐름을 통해 새로운 배움을 가진 이 모두를 감동시킵니다(곱하기).

저는 궁극적으로는 지식뿐 아니라 모든 재화와 서비스가 선물의 선순환인 인간의 흐름으로 연결될 수 있는 사회를 꿈꿉니다. 대가를 바라지 않고 필요한 곳에 자기 재능과 지식을 나누어 주는 것, 그 일을 우리가 시작해야 합니다.

한 권의 책

EBS에서 2007년 12월 25일 방영된 '지식채널'에는 케냐 빈민가 출신 사미 기타우라는 사람이 나옵니다. 그는 어릴 적 너무 가난해 쓰레기 더미를 뒤지고 살았는데, 나중에 마약을 팔다가 마약중독자가 됐습니다. 한때 그는 거의 죽게 됐다가 하나님의 은혜로 돌아왔습니다. 그러고 나서 자기와 같이 굶주리고 폭력으로 고통 받으며 마약으로 죽어가는 빈민가의 아이들을 위해 마을 지원 센터를 만들고, 빈민가의 청소년들에게 기술을 가르치기 시작했습니다. 그리고 조직폭력배에게 아버지를 잃으면서 잊고 있었던 어린 시절의 꿈을 다시 꾸기 시작했습니다. 공부를 시작했어요. 이분을 돕는 분들이 생겼겠죠? 사미 기타우는 입국비자가 거부되는 우여곡절 끝에 영국 맨체스터 대학에 입학해 국제개발학 석사 학위를 받았습니다. 정규교육을 겨우 2년만 받은 사람이 일궈 낸 기적이었습니다. 그의 학위논문 주제는 '나이로비(케냐의 수도) 빈민촌 개발'입니다. 그런데 놀랍게도 그 꿈의 시작이었던 책은, 배고파 뒤지던 쓰레기 더미에서 발견한 《영국 맨체스터 대학 안내 책자》입니다. 그 한 권의 책이 그 사람을 꿈꾸게 했고, 그 사람의 삶을 변화시켰습니다.

'한 권의 책'은 단순히 한 권의 책일까요? 우리가 선물의 선순환으로 나누는 책 한 권, 재능기부, 휴먼 라이브러리를 통한 한 번의 만남이 누군가의 인생을 송두리째 바꿔 놓을 수 있습니다. 선물의 경제는 자신을 선물함으로 사회적인 선순환을 이루고자 하는 새로운 흐름입니다.

위로 올라갈 때는 쓸모없을지 모르지만 눈을 발밑으로 내리면, 우리가 가진 재능들이 얼마나 소중하고 가치 있는지 모릅니다. 희망은 위를 바라볼 땐 안 생깁니다. 그러나 밑을 바라보면 거기에 한국 교회의 희망이 자라고 있습니다. 하나님 나라가 싹트고 있습니다. 희망은 우리의 발밑에서 자랍니다.

3장

선물의 공동체

공동체라는 실재

공동체에는 암묵적 가치와 구조라는 공동체 DNA, 공동체적 정서가 있습니다. 이와 더불어 주목해야 할 지점이 셰퍼 박사가 라브리 공동체를 창설하면서 내세운 모토, '기독교는 실재'라는 이야기입니다. 정말 우리에게 믿음이 있다면 그 사람의 인격과 삶 속에서 사랑과 평화의 실재가 믿지 않는 자들에게 드러난다는 것입니다. 삶을 같이하는 인격적인 대화와 관계 속에서 우리는 진짜 믿음의 실재를 만날 수 있습니다.

사상은 결과를 낳습니다. 정말 믿는다면 삶이 변화되고 믿음의 실재를 소유합니다. 믿음은 그 열매로 압니다. 내 삶과 인격이 믿음의 열매입니다. 믿음은 바라는 것들의 실상입니다. 내가 만난 사람이, 우리가 서 있는 세상이 변화되지 않는다면 그들을 탓할 것이 아니라 먼저 우리가 사랑과 평화라는 실재를 소유하고 있는지 돌아보아야 합니다.

세상은 생존, 안전, 중요성(의미)을 스스로 찾으라고, 스스로 찾을 수 있다고 속삭입니다. 그러나 우리는 떡으로만 사는 것이 아니라 하나님의 말씀으로 살도록 창조되었습니다. 새와 들풀도 먹이시고 기르시는 하나님이 우리의 생존과 안전을 돌보십니다. 우리의 생존과 안전은 삶의 자원을 스스로 주관하고 이웃과 싸우고 경쟁에서 이기고자 사기꾼(야곱)이 될 때 주어지는 것이 아닙니다.

삶을 주관하고자 하는 교만을 내려놓고, 새와 들풀도 먹이시고 기르시는 하나님께 인생 전체를 맡길 때 우리는 안전해집니다. 세상 그 무엇도 끊을 수 없는 하나님의 안전한 사랑 안에 영혼의 닻을 내려놓습니다(롬 8장). 하나님은 우리를 안으시고 기뻐 어쩔 줄 몰라 하십니다(습 3:17). 하나님께 우리는 천하보다 귀한 중요하고 의미 있는 존재입니다.

인간에게는 무엇으로도 채울 수 없는 이 하나님의 자리vacuum가 있습니다. 이 자리에 하나님을 대신해 있는 것을 우상이라고 합니다. 인간은 생존, 안전, 중요성(의미)을 찾고자 이 사람에서 저 사람으로, 이 대상에서 저 대상으로 메뚜기처럼 뛰어다니지만 끝내 완전한 사랑을 찾지 못합니다. 어떤 것도 하나님 없는 진공vacuum을 대신할 수 없습니다. 하나님 없는 인간은 공허합니다. 하나님만이 채우실 수 있습니다. 사람들은 믿는 자들을 채우신 하나님이라는 실재를 만납니다. 하나님이 인간의 실재입니다. 하나님이 정답입니다.

예수, 집을 잃고 성전을 짓다

레갑 족속은 여호나답의 아버지 레갑의 이름을 따서 만든 보수적이고 금욕적인 이스라엘 종파의 사람들입니다. 여호나답은 BC 9세기 이스라엘 왕 예후의 동맹자로서, 다산을 상징하는 신인 바알 숭배자들에 격렬히 맞서 싸운 사람입니다. 레갑 족속의 기원은 정확하게 알 수 없지만, 역대상 2장 55절에 의하면 BC 10세기에 유대에 흡수된 종족인 켄 족과 관계가 있음이 분명합니다. 이들은 경작이나 음주 혹은 가나안과 관련된 제의들에 참여하기를 거부했습니다. 반半유목 생활양식을 종교적 의무로 믿었기 때문에 이스라엘과 유대 대부분의 지역에서 목축에 종사했습니다. 이스라엘의 신 야훼의 열렬한 추종자들로서 예후의 반란 때 바알 숭배자들을 살해한 사건에 이들이 연루되었다는 것은 유명한 사실입니다. 후대 유대교 전승에 따르면 레갑 족속은 사제 계급인 레위 지파 사람들과 결혼했습니다.

신실한 레갑 족속은 세 가지를 준수합니다. 포도주를 마시지 않고, 집을 짓지 않으며, 파종도 하지 않습니다. 목축업으로 살아가던 이들은 바벨론 침략에도 포로로 잡혀 가지 않고 살아남았습니다. 이들은 예루살렘 근처, 분뇨를 흘려보내던 지역에서 목축하며 지냅니다. 바로 이들 목동 레갑 족속에게 거처 없이 떠돌이가 되어 강보에 싸인 예수님이 태어나셨다는 기쁜 소식이 처음 임합니다. 천군 천사의 장엄한 합창이 메시아 오심의 표적이 아닙니다. 메시아의 오심은 낮고 천한 사람들에게 강보에 싸여 구유에 뉘인 가장 낮은 자의 모습으로 처음 임한 것입니다.

행복한 상상을 해봅니다. 이날은 특별한 날이었습니다. 이날은 강도 높은 야간 노동에 시달리는 비정규직 목자들을 위한 특별한 깜짝 콘서트였다고 말입니다. 냄새나는 고집불통 짐승들과 함께 이슬을 맞으며 사는 목자들에게 다시 듣기 힘든 하늘의 찬양이 울려 퍼지는 날이었습니다. 첫 복음의 선포이기도 했지요. 하루도 편히 쉴 날이 없는 야간 노동자들에게 하늘의 영광을 보고 이 땅 가운데 평화가 임했다는 소식은 무척 흥분되고 가슴 뛰는 일이었을 것입니다.

거룩한 구름 셰키나의 보좌에서 이 땅 변방으로 내려오신 하나님은 보잘것없는 모습으로 자기 집도 아닌 인구 등록을 위해 갔던 타지에서 태어납니다. 본래 이 땅은 왕인 그분의 소유였지만, 스스로 이 땅의 지배자며 소유자라고 주장하는 왕과 권력자, 부자들이 땅을 다 차지하고 있었습니다. 본래 주인은 중심에서 밀려 변방으로 쫓겨나 철거민 떠돌이 신세가 되었습니다.

멋진 왕궁과 저택을 짓고 단단한 벽과 굳게 잠긴 대문 뒤로 숨은 권력자들과 부자들은, 이 특별한 날 하늘 가득한 별들이 마치 천사들의 합창처럼 외치는 웅장한 선포를 듣지 못했습니다. 지금처럼 대도시의 빛 공해가 심하지 않을 시절이었으니 동리에서 훌쩍 떨어진 광야에서 하늘 가득히 떠오른 은하수는 감탄을 자아내기에 충분했을 것입니다.

이 땅의 변방에서 태어난 예수님의 삶은 처음부터 평탄치 못했습니다. 태어나자마자 이집트로 쫓겨나 나그네가 되었습니다. 공생애 동안 이리저리 떠돌며 머리 둘 곳조차 없었습니다. 변화산에서 영광스런 모습을 목도한 수제자 베드로는 예수님께 여기가 좋으니 성전 건축을 하자고 제안합니다. 높은 산꼭대기에 집을 지으면 건축비는 누가 대고 누가 찾아올까요? 베드로는 예수님이라는 좋은 테마관광 상품이 있으니 개발 이익을 독점할 수 있는 전도유망한 개발 사업 아이템을 잡았다고 생각했던 것일까요?

"이 성전을 허물라, 내가 사흘 만에 다시 짓겠다." 예수님은 선포하십니다. 사흘 만에? 제자들은 당황스럽습니다. 그렇게나 빨리 가능한가? 이 헤롯 성전은 40년이 넘게 지었는데 사흘 만에 지을 수 있단 말인가? 그리고 이 성전에 들어간 노력이 얼마며 성전을 장악하고 있는 대제사장 가문들의 권력과 힘이 얼마인데 돌 위에 돌이 하나라도 남지 않도록 무너질 수 있단 말인가? 설마?

다윗이 성전을 짓겠다고 했을 때 하나님은 손에 피를 묻힌 자는 성전을 짓지 못한다며 거절하십니다. 솔로몬은 성전을 짓고 산당에서 지극 정성으로 일천 번제를 드리면서 인간이 지은 성전에 거하시기를 청하지만 하나님은 사람이 지은 성전에 거하시지 않습니다. 사람들은 진짜 성전이 무엇인지 알기 위해서 더 기다려야만 했습니다. 건물이 성전일까요? 건물에 모든 것을 건 빚더미 교회들의 파산이 임박했습니다. 미국의 수정교회는 파산했습니다. 가족들의 권력 투쟁으로 쌓아왔던 명성과 부는 하루아침에 물거품이 되어 망했습니다.

믿는 자들은 마지막 날 불로 심판을 받습니다. 예수님에게서 오지 않는 것은 다 타버릴 것입니다. 아마도 우리가 주님 안에서 서로 사랑하고 아끼던 추억들과 살아 있는 관계들, 예수님을 닮은 평화로운 공동체는 불에서 정금처럼 아름다운 모습으로 변화되겠지요. 예수님은 변화 산에서 모세와 선지자 엘리야와 함께 하늘에는 영광이요, 이 땅 가운데 기뻐하심을 입은 자들에게 평화가 어떻게 임할지를 의논하셨을 겁니다.

여우 같은 헤롯도 자기 성전이 있으나 이 땅의 주인이시지만 온 땅에서 머리 둘 곳을 찾지 못하셨던 예수님이 땅에서 겨우 찾은 자리가 마른 나무 두 개를 얽어 만든 십자가 위였습니다. 가시나무 면류관에 찔리고 채찍에 맞아 피를 흘리시는 벌거벗은 예수님을 가려 주지도 못할 마른자리입니다. 십자가의 마른자리는 예수님을 중심에 모셔 따른다고 하지만 초라하기 그지없는 우리 중심의 모습과 닮아 있습니다.

수십 년 전 견고하게 지어져 강도의 소굴이 된 헤롯과 제사장 가문의 성전을 허무시고 예수님이 새로 지은 성전은 다름 아닌 믿는 자들의 무리입니다. 믿는 자들 가운데 예수님은 자신의 거처를 정하셨습니다. 침묵과 가장 연약한 모습으로 용서와 평화의 십자가를 받아들이셨을 때 단단한 돌로 지어진 성전에서 삼엄한 경비로 지켜지는 성소의 두꺼운 성막 덮개는 위로부터 아래로 찢어져 버렸습니다. 사람의 능력으로 될 일이 아니라는 이야기입니다. 이 일이 있은 지 사흘 후 예수님은 부활했고 제자들은 유대의 중심을 뒤집어 놓습니다. 그리고 이 성전도 오래지 않아 로마에 의해 돌 위에 돌 하나 남지 않게 파괴됩니다. 세금을 수탈하고 빚을 내어 눈에 보이는 건물을 올린다고 거기에 하나님이 거하시거나 거룩한 성도들로 채워지는 것이 아닙니다.

쌓아 두고 소유하기보다는 자기 것을 온통 소통하고 나눔으로 머리 둘 곳이 없으셨던 예수님은 자기 주거지에서 밀려난 철거민, 살 곳을 빼앗긴 난민, 떠돌이, 나그네였지만 지금도 예수님처럼 소유를 쌓지 않고 세상에 평화를 전하는 무리 가운데 거하십니다. 가족들이 찾으러 왔을 때 예수님은 진짜 가족들이 있다고 선포하십니다. 애통해하는 사람들, 마음이 가난한 사람들, 정의에 굶주리고 갈망하는 사람들, 평화를 만드는 무리들 가운데 예수님은 함께 거하십니다.

스스로에게 감옥이 되고 만 인간이 만든 조직, 교파, 건물은 예수님을 가둘 수 없습니다. 거기에 예수님을 가둘 수 없습니다. 자기 살 곳과 재산을 고민하는 부자 청년처럼 자기 거할 곳을 확보하기 위한 전쟁으로 바빠서 우리는 '작은 자' 예수님을 열심히 밀어냅니다. 자기 살 것을 열심히 챙기는 세상은 하우스 푸어, 렌트 푸어로 가득한 빚의 감옥과 같은 수용소군도입니다. 평범한 가장이던 철거민들이 목숨을 다해 저항하고, 일당에 팔려 온 철거반들이 악해질 대로 악해져 폭력을 구사하고 방화를 일삼는 야만이 계속되는 세상입니다. 온 우주가 예수님의 집터이고 예수님은 온 세상의 주님이십니다. 온 세상이 예수님이 거하시는 성전입니다. 본래 예수님이 주인이신 이 땅을 온통 자기 것이라고 우기는 우리 자신들이 문제입니다. 홀로 목자 되신 예수님의 양들을 도둑질하여 자신들이 목자라고 거짓 주장을 하는 무리들이 문제입니다.

공동체 선교missio communitas

이제까지 선교는 하나님의 선교와 교회의 선교로 나눠져 있었습니다. 하나님의 선교를 간단히 말하면 개개인들이 흩어지는 교회로서 세상 가운데 빛과 소금이 되는 역할을 말합니다. 교회의 선교는 복음을 지닌 교회로 사람들을 끌어 모아서 복음으로 회복되고 치유되는 선교의 형태를 말합니다. 그러나 공동체 선교란 어느 것도 아닙니다. 하나님이 정말 원하시는 것은 벗, 동무, 친구들로 연대하여, 개인적인 선교가 아니라, 우리의 일상으로 우리 사회의 모든 문제와 모순을 끌어안고 해결하면서, 세상 가운데로, 공동체로 들어가는 것입니다. 이것이 바로 공동체 선교입니다.

선교하는 교회는 보냄 받은 교회입니다. 선교하는 교회의 보내심은 어떤 보내심일까요? 삼위일체 하나님의 공동체적 형상을 회복한 선물의 공동체로서 세상과 일상 가운데로 삼위일체 하나님의 보내심을 받은 교회입니다.

공동체 선교는 일상의 현장에서 공동체를 이루고, 모든 문제를 공동체적으로 해결해 가면서 지역 공동체 가운데 참여해 가는 것입니다. 지역 문제와 지역 현황과 지역의 필요에 공동체적으로 대응하고, 공동체적인 해결 방식을 만들어 가는 것이 공동체 선교입니다. 개개인의 자기 직장 영역, 영역 주권 이론에 의해 전문가가 선교 지역에 가서 선교하는 형태가 아니라, 우리 일상 자체를 하나님 나라로 변화시키고, 그 안에서 육아와 같은 문제들을 해결하는 방식이기 때문에 매우 다른 모습의 선교 형태입니다. 즉 공동체 마을을 이루는 것입니다. 마을이나 작은 단위의 가정 교회나 공동체를 이루어서 지역 현안에 관여하고, 공동체로 나누는 삶을 통해서 선교를 이루는 것입니다. 아나뱁티스트들이 박해에 견디지 못하고 신앙의 자유를 위해 여러 나라로 흩어집니다. 새로운 나라, 새로운 지역에 가서 마을을 이루고 삽니다. 그들이 의도한 것은 아니지만, 마을을 세우고, 직업을 갖고, 그들만의 학교도 세우고, 그 지역에 선한 영향력을 끼칩니다. 바로 공동체 선교를 한 것입니다.

생명을 가진 교회는 세상에서 그리스도의 몸 된 공동체성과 일상성을 동시에 붙잡아야 합니다. '교회의 선교'는 공동체성의 회복에 초점을 맞춥니다. 많이 모이고 많이 나누자는 생각입니다. 삶을 공유하는 것은 코하우징co-housing같이 단순히 시공간을 공유하는 것에 그쳐서는 안 됩니다. 공동체는 공통 가치를 나누고 중요한 삶의 순간에서 성령의 임재 경험을 공유해야 합니다. '하나님의 선교'는 일상성에 강조점을 둡니다. 적게 모이는 대신 예배와 설교의 질적인 회복과 세상 속의 그리스도인, 삶의 적극적 동참과 실천을 강조합니다. 둘 다 놓쳐서는 안 됩니다. 공동체성과 일상성을 함께 붙잡자는 것이 '선물의 경제가 일어나는 공동체 선교'입니다. 교회는 지역에 뿌리 내린 공동체로서 이웃을 섬기고, 마실(마을) 갈 만한 거리에 모여 살면서 함께 밥 먹고 놀고 기뻐하며 슬퍼하고 아이들을 기르고 교육하고, 사회적 의제에 참여하고 행동하면서 삶의 경험을 통해 가치를 공유하며 성숙해 가는 것입니다. 공동체는 무조건 모든 것을 공유하고 사적인 시·공간이 없어져야 한다는 것은 '공동체 무오주의'라는 집단주의의 폭력입니다. 공동체는 하나님 앞에 단독자로 선 친구들이 자발적으로 결합해 자기를 내어 주는 선물입니다. 모든 상황에서 이익을 계산하는 대가의 경제에 사로잡힌 죄 된 인간이 자의적으로 원하는 시기에 원하는 방법으로 일으킬 수 있는 것이 아닙니다.

도시 공동체 선교를 한다면 빈민 지역에 네다섯 가정이 함께 들어가서 공동체를 이루고, 그 지역의 필요에 따라 다양한 사역을 할 수 있습니다. 독거노인 사역이라든지, 마약이나 알코올 중독 문제들을 담당하는 것입니다. 공동체가 처한 지역적 현황에 따라 사역의 구체적인 내용은 달라질 수밖에 없습니다. 공동체는 생명체와 같습니다. 그 지역 생태 가운데서 자신의 위치와 역할을 선한 방향으로 찾아가는 것입니다.

공동체 선교의 핵심은 하나님이 말씀하신 대로 서로 사랑하라고 하시는 공동체를 이루는 것입니다. 사역으로 일로 만나는 팀 선교와 달리 공동체 선교란 공동체라는 하나님 나라가 임했을 때 의미가 있습니다.

> 내가 비옵는 것은 이 사람들만 위함이 아니요 또 그들의 말로 말미암아 나를 믿는 사람들도 위함이니 아버지여, 아버지께서 내 안에, 내가 아버지 안에 있는 것 같이 그들도 다 하나가 되어 우리 안에 있게 하사 세상으로 아버지께서 나를 보내신 것을 믿게 하옵소서 내게 주신 영광을 내가 그들에게 주었사오니 이는 우리가 하나가 된 것 같이 그들도 하나가 되게 하려 함이니이다 곧 내가 그들 안에 있고 아버지께서 내 안에 계시어 그들로 온전함을 이루어 하나가 되게 하려 함은 아버지께서 나를 보내신 것과 또 나를 사랑하심 같이 그들도 사랑하신 것을 세상으로 알게 하려 함이로소이다(요 17:20-23)

하나님 나라의 선교, 하나님 나라의 진정한 의미의 선교는 공동체가 하나 되는 데 있습니다. 그랬을 때 '서로 사랑하라'는 주님의 새 계명에 복종하는 진정한 선교가 일어납니다. 이것을 세상 가운데 개별적으로 흩어져 들어가는 하나님의 선교missio Dei와 교회라는 구심점을 구축해 가는 교회의 선교missio ecclesiae와 구별하여, 지역 공동체로 들어가 일상에서 서로 사랑하고 이웃을 섬기며 하나님 나라를 사는 공동체 선교missio communitas라고 부릅니다.

주인 없는 빈 그릇

목회적 기능은 분명히 필요한 은사입니다. 그러나 궁극적으로는 높낮이 없이 함께하는 둥그런 교회가 되어 제자 한 명 한 명이 하나님 앞에 단독자로 성숙해, 자신의 가정을 기꺼이 열어 스스로 말씀을 길어 내고 제자들을 양육하는 책임 있는 신앙의 주체, 일원이 되어야 합니다. 목회자나 사역자가 교회에서 사라져야 합니다. 신앙의 처음에야 목회자가 필요하지만 성숙해 갈수록 의존적인 노예 신앙을 벗어나 목회자가 쓸모없어지는, 그런 교회를 꿈꿉니다. 하나님 앞에 단독자로 서서 스스로 길어 내는 말씀의 성찬이 나누어지는 곳에 하나님께서 계십니다. 교회 공동체는 그리스도의 피와 살을 나누는 한 몸입니다.

공동체는 근본적으로 미리 정해진 비전이 없는 미정향, 미정형의 빈 그릇입니다. 어떤 한 사람의 비전이나 핵심 그룹의 계획에 따라 교회가 세워지는 것이 아닙니다. 인간적인 비전이 절대화되는 것이 아니라 하나님이 인도하시는 손길에 따라 한 사람, 한 사람의 관계가 모여 계속적으로 교회의 모습을 만들어 가는 교회가 되어야 합니다. 기꺼이 새로운 사람을 수용하는 개방성을 교회는 가져야 합니다. 누가 오든지 그 사람 그대로를 받아야 합니다. 있는 모습 그대로 서로를 받고 그리스도의 평화를 사는 삶의 성찬이 나누어지는 곳에 하나님이 계십니다. 교회 공동체는 하나님이 계신 자리입니다.

공동체는 부족한 사람이 또 다른 부족한 사람을 만나 만들어 가는 아름다운 춤사위입니다. 만나는 사람마다 사연이 있고 상처가 있습니다. 다 그렇습니다. 하나님이 만나게 하시는 사람들이 관계를 새롭게 하고 공동체의 비전을 바꾸어 가십니다. 두려움과 불안은 우리를 스스로 패배주의의 감옥에 가둡니다. 신뢰가 자유하게 합니다. 텅 빈 공동체에는 어떤 사람이 오든, 어떤 악한 사람이 오든 그 사람이 담깁니다. 그리고 사회적 관계의 빚, 경제적 빚, 인생의 빚, 인격의 빚이 탕감되고 정화됩니다. 재산도 빚도 다 내려놓고 빈손으로 찾아오는 공동체, 그것이 진짜 하나님의 공동체입니다.

박삼종 지음

박삼종의

교회
생각

홍성사

4부

공동체, 지금 시작하라

난 한 번에 단지 한 사람만을 사랑할 수 있다.
한 번에 단지 한 사람만을 껴안을 수 있다.
단지 한 사람, 한 사람, 한 사람씩만.
따라서 당신도 시작하고 나도 시작하는 것이다.
마더 테레사

1장
한 번에 한 사람씩 사랑하라

사람의 말을 들을지 하나님의 말씀을 들을지 판단해야 합니다. 선교적 공동체가 가능하려면 세상의 잡음을 다 끊어 내고 오직 말씀 안에만 서고, 말씀대로 순종하겠다고 결단해야 합니다. 그 결단으로 하나님과 나 사이에 오직 그리스도밖에 없는, 하나님 앞에 단독자로 선 벗이자 동무들이 서로를 위해 서로를 내어 줌으로 선물의 경제를 이룰 때 그 가운데서 하나님 나라가 일어납니다.

그래서 성서 안에 새로운 세계가 있다고 신학자 카를 바르트가 고백했습니다. 바르트는 광산촌에 가서 사역을 했습니다. 빈민 지역이죠. 저처럼 어려운 말을 많이 사용한 것 같습니다. 설교할 땐 다들 졸았답니다. 물론 사역이 잘 안 됐겠죠. 그래서 바르트는 다시 성경을 읽기 시작했습니다. 성경을 읽으면서 깨졌어요. 말씀의 사역자로 바뀌었습니다. 그리고 고백합니다. "내가 그 어려운 신학 책들과 씨름하며 세련된 신학 공부할 때 발견하지 못했던 새로운 말씀의 세계가 성서에 있었습니다. 그 말씀의 세계가 나를 바꾸어 놓았습니다." 세상의 어떤 철학과 이론도 성경을 뛰어넘을 수 없습니다. 성서 안에 놀라운 세계가 있습니다. 마르크스주의, 하이데거의 자유주의 사상이 아무것도 아닙니다. 예수님의 말씀 앞에 서면 쓰레기 같습니다. 바울이 그렇게 고백합니다. 말씀으로 단단해지십시오. 하나님 앞에서, 말씀 앞에서 주체자로 서십시오. 그게 힘입니다.

'오직 말씀으로'는 단순히 구호가 아니라 성도들 한 사람 한 사람에게 성경을 스스로 해석하고 적용하는 귀납적 성경연구 방법을 가르칠 때 시작됩니다. 성도는 왜 설교의 대상이어야만 하고 해석된 말씀을 수동적으로 받기만 해야 합니까. 말씀의 노예입니까. 적극적으로 말씀을 길러 내는 단독자인 친구들이 모여야만 공동체가 가능합니다. 배움은 가르침 없는 배움입니다. "큰 학문은 스스로 하는 것이다" 했습니다. 스승이 있는 것이 아닙니다. 스승이 있으면 아직 작은 학문입니다. 진짜 학문, 진짜 공부는 성령의 조명에 따라 말씀 앞에 서서 스스로 길을 찾아가는 겁니다. 부드러운 어린애의 신앙이 아니라 단단한 것을 먹는 어른의 신앙으로 커져 가는 것, 성숙하는 것이 예수님이 우리를 벗이라 부르는 참된 신앙입니다.

성령은 성서 기자를 영감하셨던 것처럼 믿는 자를 조명하셔서 문자에 불과한 성서를 통해 우리를 십자가 복음으로 이끌어 가십니다.

그러나 이것으로는 성서가 제대로 발견된 것이 아닙니다. 성서의 올바른 독서는 독자가 텍스트 안에서 모든 의미를 지배하고 있는 내포 저자의 생각과 가치관의 인도에 따라, 상황에 따라서 희생양이 되거나 아이러니와 패러독스에 직면하면서 의도대로 생각하고 실천하는 내포 독자가 될 때 가능합니다.

어떻게 하면 원저자의 의도대로 내포 독자가 되어 참다운 의미를 살아 낼 수 있을까요? 그 방법은 복잡하기도 하고 간단하기도 합니다. 가장 단순한 방법은 하나님을 경험하는 삶을 사는 것입니다. 그리고 이 '하나님을 경험하는 삶'은 '서로 사랑하라'는 말씀에 순종해야만 가능합니다.

하나님을 사랑하고 이웃을 사랑하기로 삶 전체로 결단하며 실천하는 삶이 성령 충만한 삶입니다. 우리가 제자로서 그리스도 앞에 서면 주님은 우리에게 새로운 계명을 주십니다. 서기관들과의 대화에서 예수님은 율법의 대의가 사랑임을 밝히십니다.

예수께서 대답하시되 첫째는 이것이니 이스라엘아 들으라 주 곧 우리 하나님은 유일한 주시라 네 마음을 다하고 목숨을 다하고 뜻을 다하고 힘을 다하여 주 너의 하나님을 사랑하라 하신 것이요 둘째는 이것이니 네 이웃을 네 몸과 같이 사랑하라 하신 것이라 이에서 더 큰 계명이 없느니라 (막 12:29-31)

예수님은 고별설교에서 제자들에게 새 계명을 말씀하심으로 하나님을 사랑하는 것과 이웃을 사랑하는 것이 다른 것이 아님을 보이십니다.

새 계명을 너희에게 주노니 서로 사랑하라 내가 너희를 사랑한 것같이 너희도 서로 사랑하라(요 13:34)

나의 계명은 이것이다. 내가 너희를 사랑한 것과 같이, 너희도 서로 사랑하여라. 사람이 친구를 위하여 목숨을 버리면 이보다 더 큰 사랑은 없다. 내가 너희에게 명한 것을 다 행하면 너희는 내 친구다. 이제부터는 내가 너희를 종이라고 부르지 않겠다. 종은 주인이 무엇을 하는지 알지 못한다. 나는 너희를 친구라고 불렀다. 내가 아버지에게서 들은 모든 것을 너희에게 알려 주었기 때문이다(요 15:12-15, 표준새번역).

이 새 계명을 준수하는 것이 왜 예수 그리스도를 아는 것이고, 성서의 의미를 이해하는 길인지를 밝히십니다.

나더러 주여 주여 하는 자마다 천국에 다 들어갈 것이 아니요 다만 하늘에 계신 내 아버지의 뜻대로 행하는 자라야 들어가리라(마 7:21)

그러므로 누구든지 나의 이 말을 듣고 행하는 자는 그 집을 반
석 위에 지은 저혜로운 사람 같으리니 비가 내리고 창수가 나고
바람이 불어 그 집에 부딪히되 무너지지 아니하나니(마 7:24-25)

내가 아버지의 계명을 지켜 그의 사랑 안에 거하는 것같이 너희
도 내 계명을 지키면 내 사랑 안에 거하리라(요 15:10)

우리가 이제는 거울로 보는 것같이 희미하고, 이제는 내가 부분
적으로(고전 13:12) 안다는 바울의 이야기처럼, 비록 우리는 아직 그
리스도를 희미한 거울로 보지만, 자유케 하는 온전한 율법인 복음
을 알고 마음이 깨끗하여져서 서로 사랑하라는 예수님의 새 계명에
순종하는 자들은 이미 이 세상에서 하나님을 만나는 복을 누릴 것
입니다(마 5:1-12). 듣고 보기만 하고 행치 아니하는 자는 제 얼굴을
잊는 어리석은 자입니다.

너희는 도를 행하는 자가 되고 듣기만 하여 자신을 속이는 자가
되지 말라 누구든지 도를 듣고 행하지 아니하면 그는 거울로 자
기의 생긴 얼굴을 보는 사람과 같으니 제 자신을 보고 가서 그 모
양이 어떠한 것을 곧 잊어버리거니와 자유하게 하는 온전한 율법
을 들여다보고 있는 자는 듣고 잊어버리는 자가 아니요 실행하는
자니 이 사람이 그 행하는 일에 복을 받으리라(약 1:22-25)

예수 그리스도는 분명히 말씀하십니다. 서로 사랑하라는 새 계명에 순종하고자 하며, 사랑할 수 없는 자신에게 절망할 수밖에 없는 마음이 가난한 자들이 복음의 깊이를 알고, 예수의 십자가가 얼마나 값진 은혜이며, 예수의 멍에가 얼마나 겸손하고 가벼운 멍에인지를 깨닫게 될 것이라고. 사랑의 계명에 순종하는 길 외에는 예수 그리스도를 알고 복음을 알며 하나님을 경험하는 다른 길은 없습니다.

제자들은 "내 육신의 지체에는 내 마음 속의 법에 대항하여 싸우는 한 법이 있습니다"(롬 7장)라는 바울의 고백을 진지하게 고민하게 된 자들입니다. 이들은 사랑이라는 '불가능한 가능성' 앞에서 인간의 겸손이 무엇인지를 깨닫는 자들입니다. 그럼에도 사랑하는 것만이 그리스도를 아는 유일한 길임을 알고 '서로 사랑하라'는 새 계명에 순종하고자 하는 자들입니다.

예수님은 마지막 날 밤, 제자들에게 보혜사 성령을 보내실 것을 말씀하십니다.

나의 계명을 가지고 지키는 자라야 나를 사랑하는 자니 나를 사랑하는 자는 내 아버지께 사랑을 받을 것이요 나도 그를 사랑하여 그에게 나를 나타내리라(요 14:21)

말씀은 의외로 단순하고 명확합니다. 하나님의 나타내심에 다다르는 유일한 길은 칼빈을 인용해 바르트가 말한 대로 순종뿐입니다. 예수 그리스도가 제자들에게 자기를 내보이는 방식은 분명히 사랑의 계명에 대한 순종입니다. 도저히 용서하고 사랑할 수 없지만 형제 자매를 사랑하려고 몸부림치는 고통 속에서 죄인인 우리를 주님이 얼마나 사랑하시는지 깨닫게 됩니다. 사랑의 계명에 순종하는 것이 신앙의 첫걸음이자 마지막 걸음입니다.

순종으로 나아가는 길은 "의인은 그의 믿음으로 말미암아 살리라"(합 2:4) 하신 말씀처럼 오직 은혜로 우리가 하나님 앞에 산 자가 되었다는 믿음을 통해서입니다(롬 5-6장). 사랑의 순종은 경험으로 아는 것이지 가르칠 수도 배울 수도 없습니다. 하나님은 각자가 십자가의 순종을 통해 성서 본문의 본래적이고 고유한 이야기의 의미를 되살려 살도록 부르십니다. 결국 이 사랑의 순종의 삶, 하나님을 경험하는 삶의 결론은 사랑 가운데 자유한 삶입니다. 자유는 진리의 실천입니다.

> 그러므로 예수께서 자기를 믿은 유대인들에게 이르시되, 너희가 내 말에 거하면 참 내 제자가 되고 진리를 알지니 진리가 너희를 자유케 하리라(요 8:31-32)

바보 예수, 바보 축제, 바보 공동체

땅에서 아주 작으면서도 가장 지혜로운 것이 넷이 있으니, 곧 힘이 없는 종류이지만 먹을 것을 여름에 예비하는 개미와, 약한 종류이지만 바위 틈에 자기 집을 짓는 오소리와, 임금은 없으나 떼를 지어 함께 나아가는 메뚜기와, 사람의 손에 잡힐 것 같은 데도 왕궁을 드나드는 도마뱀이다(잠 30:24-28, 새번역)

약하고 힘없어 보이는 도마뱀이 어떤 공격에도 끄떡없는 성벽 틈 사이로 자유롭게 다닙니다. 눈에 보이는 것, 거대한 것, 힘이 있는 것만 전부가 아닙니다. 계산 없이 관계 안에서 선물하고 존재를 선물하면 되돌아올 것을 기대하지 않았는데도 하나님께서 놀라운 선물로 되돌려 주십니다. 이것도 선물의 경제입니다. 왜 이렇게 계산을 많이 하는지 피곤합니다. 최고의 고수는 계산하지 않는 사람, 합리적인 기대행동을 하지 않는 사람입니다. 게임이론에서도 가장 대하기 어려운 상대가 합리적인 행동을 하지 않는 사람입니다. 너무 계산하지 맙시다.

잃어버린 아들을 되찾은 탕자의 이야기는 누가복음 15장에 나오는 '잃어버렸다가 되찾은 이야기' 시리즈의 하나입니다. 두 아들이 있었는데, 작은아들이 앞으로 받을 유산을 미리 요구해 탕진하고 집으로 돌아옵니다. 작은아들은 마땅한 자격이 없으니 품꾼으로라도 써달라고 했지만 아버지는 기쁨으로 과분한 잔치를 베푼다는 이야기입니다.

이야기가 여기서 끝이면 좋을 텐데 항상 복병이 숨겨져 있습니다.

큰아들입니다. 누가복음 15장 2절에 보면, 아버지는 재산을 나누어 작은아들뿐 아니라 큰아들에게도 줍니다. 달라는 것은 작은아들인데, 왜 큰아들에게까지 몫을 미리 분배해 주었을까요?

작은아들에게 베푼 환대를 못마땅해하는 큰아들의 모습은 돌아온 작은아들의 처음 모습과 닮아 있습니다. 둘이 똑같습니다. 그래서 아버지는 처음부터 마땅한 몫을 요구하는 작은아들뿐 아니라 큰아들에게도 미리 재산을 나누어 준 것입니다. 돌아온 작은아들의 잔치 비용이나 회복된 유산은 엄밀히 말해 큰아들 몫이 아닙니다. 나한테 무엇을 해주었냐고 투덜대는 것은 정당한 불평이 아닙니다.

또 한 가지 주목할 것은 누가복음 15장의 맥락상 선물로 받은 것은 유산이 아니라는 것입니다. 잃어버린 드라크마나 잃어버린 양에서는 선물로 돌아온 것은 재산이었으나 이 이야기에서의 선물은 돌아온 작은아들, 탕자 자체입니다. 소유할 수 있는 재산이 아니라 사람 그 자체가 선물이었습니다. 잃어버린 한 영혼을 되찾은 기쁨을 어찌 한 마리의 양이나 드라크마에 비교할까요?

큰아들이 본 것은 재산이자 양이었고, 잔치에 들어가는 비용, 드라크마였지만, 가족이요 아비인 아버지는 아들 그 자체를 귀한 선물로 받습니다. 가족, 공동체는 이와 같습니다. 서로가 서로를 선물로 받아 잔치를 벌일 수 있는 관계입니다. 예수님이 질타하는 큰아들 눈에는 이 잔치는 엄청난 낭비에 불과하고 나중에 마땅히 내 몫으로 돌아올 유산이 탕진되는 것으로 보였겠지만, 아버지 하나님의 눈에는 미리 유산을 주어 누리게 하여서라도 돌아오기를 기다리는, 경제 가치를 뛰어넘는 놀라운 사랑의 순환이 일어나는 마당입니다.

계산과 대가 없는 경제

시간이 금전적 가치로 환산되는 속도의 시대, 상승과 속도 대신 멈춤과 느림, 낮아짐과 실패는 내가 누구인지, 무엇을 위해 살아야 하는지를 깨닫게 합니다. 한 사람이 열 걸음을 가기보다 열이 한 걸음을 걸어가는 속도로 갑시다. 본회퍼는 《신도의 공동생활》(대한기독교서회, 2003)에서 공동 고백과 상호 책임에 관해 중요한 몇 가지 원리를 이야기합니다.

그리스도인들은 누구나 예수 그리스도를 통해서만 다른 사람들에게 나아갈 수 있다. 형제에 대한 실망이 진정한 교제의 시작이며, 지금 사귀는 형제자매의 관계보다 자신의 꿈이 더 크면 그 교제는 깨어진다.

우리는 공동체라는 이상이나 객관적인 대상보다 형제자매와의 관계에 '먼저' 헌신해야 합니다. 극히 작은 바늘에 찔린 상처를 무시하면서 공동체에 헌신했다고 하는 것은 교묘한 거짓말일지 모릅니다. 지금 만나는 형제자매의 관계보다 자신의 꿈이 더 크면 그 교제는 깨어집니다. 공동체가 깨집니다. 흔히 우리는 사람보다는 자신이 가진 비전, 혹은 비전이라고 이름붙인 욕망덩어리를 관계보다 앞세우는 경우가 많습니다. 목적이 있는 관계는 이런 거룩한 비전의 좌절을 가져옵니다. 이때가 중요합니다. 우리는 과연 상대방을 있는 그대로의 인격으로 만나고 있는지요? 그 사람을 진심으로 사랑하기에 자신의 비전과 소망을 내려놓을 수 있는지요? 자신의 비전과 욕망으로 가득 채우는 것이 아니라 자기를 비워 누구를 만나든 하나 되게 하신 주님의 뜻을 찾아가는 것이 공동체입니다. 이것은 작은 공동체인 가정에서도 마찬가지입니다. 부부간, 부모와 자식 간의 관계에서도 마찬가지입니다. 야망이 있는 사람은 공동체를 유지할 수 없습니다.

심지어 공동체 자체가 야망이고 꿈인 사람이 있습니다. "내가 이런 공동체를 하려고 하는데, 너는 이 공동체에 적당하지 않은 것 같다." 그 형제, 자매가 그런 모습이라면 거기서부터 시작하는 마음이 필요합니다. 바닥에서부터 시작하는 마음입니다. 거기서 공동체는 시작되는 겁니다. 내 속도에 맞추지 않는 형제자매를 탓하고 정죄하는 모습은 옳지 않습니다. 그 사람의 야망이 형제자매의 가치보다 크단 말입니까? 생각을 내려놓고, 약한 사람의 속도에 맞춰야 합니다.

공동체는 숫자가 아닙니다. 사람이 많이 모이면 더 큰 힘을 모아서 더 큰 일을 할 수 있다고 착각합니다. 전혀 그렇지 않습니다. 숫자가 일하는 것이 아닙니다. 지금 내 앞에 있는 형제를 사랑하지 않는 사람이 공동체를 사랑한다는 건 거짓말입니다. 내 앞에 있는 형제자매를 못 참고 수용하지 못하는 사람이, 나를 불편하게 하는 하나님의 말씀에 순종하지 않습니다. 내 앞에 있는 보잘것없어 보이는 형제자매의 불편을 참고 수용하는 사람은 불편한 하나님의 말씀도 자기 말씀으로 받고 순종할 수 있는 사람입니다.

공동체는 하늘에서 뚝딱 떨어지지 않습니다. 장이 숙성해 맛을 내듯이 공동체도 관계가 발효해 맛을 내기까지는 시간이 걸립니다. 갑자기 공동체를 결심한다고 될 일이 아닙니다. 그런 분들은 관계에 체해 틀림없이 실패합니다. 뜻이 맞는 분들끼리 공부 모임을 시작하고 궁합을 맞추어 가는 과정이 필요합니다.

아름다운 감동의 이야기는, 서로 버티는 시간만큼 만들어집니다. 멋진 사람들이 모여서 이벤트하면 이야기가 만들어지는 것이 아니라, 평범한 사람들이 모여서 관계가 성숙해 가는 과정이 진짜 이야기가 됩니다. 성숙의 과정이 필요합니다. 시간의 간격만큼 그 안에 이야기가 담겨 있습니다. 공동체가 되려면 시간의 간격을 가지십시오.

은사를 통해 섬기는 유기체

모든 그리스도인은 사역자로 부름 받았습니다. 주님의 몸 된 교회는 은사를 통해 서로 섬기는 유기체적인 사역 공동체입니다. 각자가 받은 은혜의 분량대로 은사에 따라 공동체를 섬기고 교제하는 것입니다. 은사는 선물입니다. 성도는 은사를 거저 받았기에 거저 줍니다. 받았기에 주고, 주었기에 받아야겠다는 주고받음의 경제학, 세상의 논리가 아닙니다. 초월과 낭비의 경제학, 선물의 경제신학이 참된 공동체의 기초를 이룹니다. 가장 큰 은사, 가장 좋은 선물은 바로 사랑입니다. 사랑은 무한한 낭비입니다. 십자가는 철저히 사랑의 낭비였습니다. 그러므로 바울은 서로 사랑의 빚 외에는 결코 지지 말라고 권면합니다. 하여 이 사랑의 낭비, 선물의 경제학, 전 신자 제사장직의 공동체는 오직 그리스도의 십자가라는 사랑의 낭비에서만 시작됩니다.

지속 가능한 공동체 운동

지속 가능한 공동체는 말씀으로 제자가 재생산되는 공동체입니다. 재생산이 없는 공동체는 지속 가능성이 없습니다. 제자를 길러 내야 다음 세대에 희망을 품을 수 있습니다.

제자도가 담기는 그릇은 원칙적으로 '개입이 불가피하고 불편한 관계를 피할 수 없는 공동체'입니다. 구경꾼이 되어 개입을 거절하는 피상적인 관계가 가능하고, 불편하면 언제든지 교회를 옮길 수 있는 교회 구조에서는 예수님이 행하신 삶 전체를 공유하고 전 삶의 영역에 개입하는 제자 훈련은 힘듭니다.

이 교회가 마음에 안 들면 다른 교회로 가버리는 곳에서는 신앙의 성숙이 없습니다. 한국 교회가 성숙하지 못한 이유 중 하나이기도 합니다. '교회가 여기뿐인가' 하면서 다른 곳으로 갑니다. 그리고 거기도 마음에 안 들면 또 다른 곳으로 가겠지요. '어느 교회가 포항에 지교회를 만들었다는데 거기는 프로그램도 빵빵하고, 사역자도 외국 다녀온 유학자 출신이라더라, 세련됐다더라, 거기 한번 가보자.' 그런 사람은 예수 그리스도의 제자라기보다 종교를 섭외하는 사람입니다. 작은 공동체 안에서 불편해도 피할 수 없는 관계여야 성숙할 수 있습니다. 서로 다른 삶, 갈등을 통해서 함께 사는 게 뭔지 배워 가는 겁니다. 불편해도 피하지 않는 관계를 인내하면서 다른 사람에 대한 수용성을 길러가는 겁니다. 말로 되는 게 아닙니다. 불편함을 참는 훈련을 실제로 해야 합니다. 그리고 그게 돼야만 공동체로 모일 수 있습니다. 공동체는 낭만과 환상이 아닙니다.

2장
가르침 없는 배움

우리나라 교육은 지식을 주입하고 수동적으로 지식을 받아들이는 한계를 지니고 있습니다. 스스로 생각하고 함께 질문하고 토론하면서 대안을 찾아가는, 주체적이고 공동체적인 배움의 훈련이 부족합니다. 가르침 없는 배움이란 누군가가 스승이 되어 가르치기보다는 서로 배우며 공부하는 공동체를 이루어 수평적으로 평생 배움을 함께하는 것을 말합니다.

공부를 멈추는 순간 생각은 굳어지고 고집은 세집니다. 생각이 굳어지면 존재에 경탄하고 배우는 자세로 호기심에 질문할 줄 아는 인간으로서의 존엄성은 끝납니다. 새로운 배움이 있다면 그게 청년이 아니겠습니까? 대한민국에 스웨덴처럼 평생 공부하는 다양한 주제의 자율학습조직 50만 개가 생겨났으면 좋겠습니다.

유대인 공동체 교육과 반성

공동체와 교육에 대한 교회의 관심이 높아지면서 셰마 교육이라는 이름으로 이스라엘 중심의 역사관과 가치관이 수입되고 있습니다. 일단 장점을 살펴보면 말씀의 전수와 실천자로서의 가족 공동체, 특히 어머니와 아버지의 권위가 세워지며, 13세의 성인식으로 분명한 소속감과 책임감, 자아 정체감을 제시해 준다는 것입니다. 4, 5세부터 명시적 교육 가치와 암묵적 가치의 일치가 일어나는 말씀 실천의 장인 아버지를 통해 독서, 토론, 질문식 대화로 말씀 교육이 전수되어 아이들이 성경적 가치를 내면화한다는 점에서 우수한 방법입니다. 부수적으로 독서와 토론 질문을 통해 이해력, 사고력 등이 발달되기 때문에 재능이 일찍 개발됩니다.

몇 가지 전제와 문제점을 지적하면, 셰마는 대체로 구약을 읽는데, 기독교인들은 은혜의 복음인 신약부터 읽고 구약으로 가야 합니다. 독서 방식도 가족 가치의 전수가 중심이 되어 성경을 통해 말씀하시는 말씀 본래 가치를 잃어버릴 수 있기 때문에 판단 중지를 통해 말씀 안의 낯선 새로운 세계에서 진리가 발견되는 귀납적 성경연구 방식을 가르칠 필요가 있습니다.

이 방식은 특정한 말씀 교육 방식만이 아니라 유대 가족 공동체라는 그릇을 제시하고 있습니다. 가족과 교회 공동체의 유기적인 협력 없이는 불가능한 방식입니다. 지나친 사회적 노동으로 말씀 교육을 담지할 확장된 가족 공동체의 구성이 거의 불가능한 한국에서는 일정한 인적·물적 자산을 확보한 일부 중산층 이상이 아니면 쉽게 적용할 수 없습니다. 공동체에서 교육을 직접 담당하고자 한다면 공동체 전체의 참여도 중요하지만 전적으로 교육을 책임질 사람들을 세워 그 사람의 책임 아래 교육을 진행하는 것이 좋습니다. 다른 공동체가 세운 학교로 보낼 수도 있지만 자기와 다른 공동체의 암묵적 가치를 배울 가능성이 높다는 점을 고려해야 합니다. 그것도 어렵다면 저녁에 30분에서 1시간 정도 가족이 모여 일정 분량(어릴 때는 성경 동화) 소리 내어 읽고 아이들 스스로 질문하게 하고, 가족들이 서로 답하고, 질문하고 아버지가 축복 기도로 마무리하면 됩니다. 자라면서 아이들의 독서도 성경 독서와 일반 도서 독서가 균형 잡히도록 지도하는 것이 좋습니다.

배워서 남 주는 삶

교육에 관심이 많은 저는 여러 기독교 대안학교들을 탐방해 보았습니다. 제가 방문한 많은 학교들은 귀족명문사관학교를 꿈꾸거나 규모만 작을 뿐 조금 더 인간적이고 효율적인 학원에 불과했습니다. 결국 어떤 교육 방식이나 테크닉의 문제가 아닙니다. 독서, 글쓰기 교육, 질문 토론 교육, 자기 주도적 학습 등 어떤 자율적인 교육 과정과 방식을 도입하더라도 자본주의 사회의 경쟁 구도에 대한 근본적인 고민이 없다면 기독교 대안교육이라는 이름을 달았을 뿐 실제로는 기독교 대안교육과는 무관합니다. 기존 교육은 공동체에 필요한 인재를 키워 내는 '교육'이 아니라 경쟁에 쓸모 있는 '학습능력'에 초점이 맞추어져 있습니다. 무엇을 위해 어떻게 살 것인지 근본적인 가치에 대한 교육이 부재합니다.

아이들이 경쟁이 아닌 화해와 평화의 가치에 따라 나눔과 배려를 실천하며 창조적인 사회적 상상력과 예언자적 상상력을 가지고 살아갈 수 있도록 돕고, 학벌이라는 경쟁 구도에서 자발적으로 이탈할 정도까지 말씀을 통해 교육해야 합니다. 그렇지 않다면 대안교육이라는 것은 자본주의 사회의 경쟁에 숟갈을 얹는 수준을 벗어날 수 없습니다.

저희 집 아이들에게는 사교육이 없습니다. 아이들이 건강하게 잘 뛰놀게 하는 것이 교육 원칙이라면 원칙입니다. 학원을 다니거나 사교육으로 보내는 시간이 없으니 아이들은 자기만의 시간이 많습니다. 아이들이 그 시간에 집 앞 놀이터에서 친구들과 실컷 뛰놀거나 스스로 책을 읽습니다. 따로 독서 지도를 하거나 독서 시간을 정해 놓은 것은 아닙니다. 다만 아주 어릴 때부터 스스로 책을 읽을 때까지 하루 열 권 이상 책을 읽어 주고 호불호가 생기기 전에 책을 친한 친구로 만들어 줍니다. 매일 저녁 30분 정도 《우리말 성경》을 읽고 질문하고 토론하는 시간을 갖습니다. 잠자리에 들기 전에는 안아 주고 축복 기도해 줍니다. 아이들이 하나님이 주신 자기 결대로 자라나길 바랄 뿐입니다.

부모가 자기 욕심을 비워 내고 경쟁 교육과 소비를 멈추어야 합니다. 어른들의 세속적인 가치를 아이들에게 강요해서는 안 됩니다. 아이들이 하고 싶은 걸 찾아야 합니다. 하고 싶은 걸 시켜야 합니다. 하고 싶은 걸 하면 즐겁습니다. 집중합니다. 스스로 합니다. 생각합니다. 성공합니다. 행복합니다.

핀란드 교육은 장학사들을 없애면서까지 교육 현장에 엄청난 재원과 자율권을 주고, 16세까지 철저히 경쟁을 배제하고 자기가 좋아하는 일이 무엇인지 찾는 데 총력을 기울입니다. 그다음에는 능력에 따라 직업을 선택합니다. 16세 이후에는 경쟁이 도입되지만 누구나 그 과정을 공정하게 여기며 결과를 받아들입니다. 물론 능력이 된다면 대학교까지 무상 교육입니다. 핀란드의 국회의원은 봉급이 없습니다. 운전사, 보좌관이 없어도 봉사직으로 여깁니다.

교육은 백년지대계입니다. 우리가 교육에 관심을 갖는 것은 교육이 자기 발전이나 성공의 수단이 아니라 인간의 존엄, 사회적 배려, 기회의 평등과 복지 등 다양한 의미를 담고 있기 때문입니다. 교육은 사회의 공기와도 같습니다. 교육은 사회를 따뜻하게도, 차갑게도 만듭니다.

배워서 남 준다는 마음으로 공부방을 해도 가까이 살아야 배움을 나누어 줄 수 있습니다. 품앗이 교육에 뜻이 맞아도 멀리 살아 모일 수 없으면 불가능합니다. 교육도 풀뿌리에서 일어나야 합니다. 중심부가 아닌 비주류, 주변, 지역, 지방, 일상, 가정, 교회로부터 교육이 먼저 회복되어야 합니다.

3장
이런 공동체를 꿈꾼다

다 함께 노동하는, 자립적 기반을 가진 생산공동체

저에게는 꿈이 있습니다. 예수원이나 브루더호프는 최소노동시간으로 살아갑니다. 대한민국은 지나치게 긴 노동과잉사회입니다. 저녁이 없는 삶입니다. 공동체에서 살아갈 때, 최소의 노동으로 공동체에 꼭 필요한 에너지 자원을 충분히 확보할 수 있습니다. 나머지 시간은 교제하고 공부하고 배우고, 찬양하고 기도하고, 그 외 다른 지역에 도움이 필요한 사람들을 섬기는 데 쓸 수 있습니다. 잘 먹고 잘사는 것만 포기한다면, 이 사회가 여러분들에게 압력을 가하는, 경쟁해서 이기는 삶, 돈을 많이 벌려는 삶을 포기한다면 가능합니다.

제일 비싼 것이 인건비입니다. 국가 예산의 상당액이 인건비에 들어갑니다. 제일 비싼 것이 사람입니다. 사람의 마음을 얻는 것이 제일 힘듭니다. 그래서 공동체가 무한한 가치가 있습니다. 가장 비싼 사람을 위해 대가를 바라지 않고 섬기는 것입니다.

같이 농사도 지으면 좋습니다. 함께 모여 같이 노동하고, 자립적인 기반을 가진 생산공동체가 이루어지면 됩니다. 공동체에 대해 꿈을 꾼다면, 이 부분이 굉장히 중요합니다. 도시 공동체라면 어떤 부분이 있어야 할까요? 한 사람 한 사람이 자립적인 기반을 가질 수 있도록 노력해야 합니다. 번역을 하든지, 작가가 되든지, 프리랜서가 되든지 열심히 노력해야 합니다. 그리고 도시 공동체에 사역자가 있다면 사역자도 공동체에 전적으로 기대서 해결하려 해서는 안 됩니다. 모두가 사역자입니다. 사역자 아닌 사람이 없습니다. 다 같이 노동하고 일해야 합니다. 한국 교회에서 사역자는 전문적인 영역이라고 하면서 일을 안 합니다. 성도들이 얼마나 힘들고 어렵게 섬기는지 잘 모릅니다.

자치, 자립, 자율의 마을공동체

공동체 안에서는 어떤 것이 가치인지 스스로 결정할 수 있습니다. 어떻게 아이를 교육하고 어떻게 살아갈 것인지 스스로 결정할 수 있습니다. 공동체를 이루면 육아, 교육, 먹을거리, 주거 등 일상의 문제들을 자본 권력이나 국가 권력이 주는 정체성이나 사회적 문법의 강요가 아니라 우리의 삶을 직접적으로 구성하고 형성해 가는 주권자로서의 하나님 형상을 회복하여 하나님 나라 가치에 따라 만들어

갈 수 있습니다.

지역과 자연에 개방된 마을

사람들이 오가면서도 공동체로 모일 수 있는 마을. 도시는 어렵겠지만, 농촌 공동체나 시골 공동체는 충분히 가능합니다. 사람들이 서로 마실 다닐 수 있는 거리에서 살아야 합니다. 우리 아이가 뛰어 놀다가 바로 놀러 가거나 놀러 올 수 있는 거리입니다. 그래야 공동체가 됩니다. 공동체 구성원이 한 시간 거리에 산다면 공동체가 어렵습니다. 한 가정의 아이는 A학교에 다니고, 다른 가정의 아이는 B학교에 다니게 됩니다. 그러다 A학교에 문제가 생기면, 공동체가 그 문제에 제대로 대응하지 못하게 됩니다. 가까이 살면 아이들도 같은 초등학교에 다니고 함께 대응할 수 있습니다. 함께 홈스쿨을 할 수도 있습니다. 시간의 간격처럼 거리의 간격이 중요합니다. 가까이 산다면 지역 사회의 여러 문제에도 함께 대응할 수 있습니다.

사私와 사귐이 어울리는 공간 배치

공동체로 산다는 것은 건물을 지어놓고 한 집에서 생활하는 게 아닙니다. 공동체를 이룬다 할지라도 사적인 공간을 인정해 주어야 합니다. 한 사람이 주체인데, 단독자인데, 개인의 공간까지 없어서는 안 됩니다. 홀로 있을 수 있는 자가 함께할 수 있고, 함께할 수 있는 자가 홀로 있을 수 있습니다. 하나님과 홀로 만나는 기도할 공간, 보호되어야 할 가정의 공간까지 없어서는 안 됩니다. 개개의 가정이 보호될 공간이 없이 함께 모여 산다면 사생활을 침해하게 됩니다. 가장 큰 피해를 입는 것은 아이들입니다. 겉으로 볼 때 여러 아이들과 놀아 좋아 보일지 모르지만 그렇지 않습니다. 아이들은 뛰어놀다가도 돌아와서 쉴 가정이 필요합니다. 아이들에게 1년 내내 수련회 분위기에서 살게 한다면 정서적인 안정을 누릴 수 없습니다. 함께 모일 수 있는 작은 공간 하나면 충분합니다. 그곳에서 예배도 드리고 아이들 교육도 할 수 있습니다. 평일에는 학교요 도서관이자, 주일에는 예배 장소이며, 필요할 땐 소소한 모임을 갖고 축제를 벌이는 장소면 좋겠습니다.

함께 기르고 가르치는 육아·교육 공동체

우리 안에 자원들이 많습니다. 함께 하나님 나라에 맞추어 다음 세대를 교육할 수 있습니다. 한 가정만 헌신하면 됩니다. 대여섯 가정으로 모여 공동체를 이루고, 전적으로 헌신하는 한 가정이 있으면 됩니다. 집안을 다 개방해서 나머지 가정들은 아이들을 맡기고, 부모들은 마음 놓고 전투적으로 삶의 현장에서 자기 사역을 감당할 수 있습니다. 재능 있고 훌륭한 자매들이 육아 때문에 일을 못 합니다. 그런데 안심하고 맡길 수 있는 공동체가 만들어지면 일할 수 있습니다. 부모는 자기 재능대로 아이들을 돌아가며 섬기면 됩니다. 부모만이 아니라 공동체가 아이들을 기르게 되는 겁니다. 엄마 아빠가 많아지는 겁니다. 안심하고 아이를 길러 낼 수 있습니다. 아주 적은 비용으로, 하나님 나라의 가치에 맞추어 재능 있고 훈련된 사람이 있다면 정말 단단하게 길러 낼 수 있는 겁니다. 언제든 제일 중요한 것이 바로 사람입니다. 조금만 생각을 바꾸면, 사회적 상상력을 새롭게 하면 적은 비용으로 새롭게 살 수 있습니다.

서민, 노동자, 농민과 연대하는 공동체

그러고 나서 공동체가 성숙하면 고통 받는 서민, 노동자, 농민과 연대합니다. 쌍용 자동차, 제주 강정 등의 활동가를 방문하고, 하룻밤 잘 수도 있습니다. 농사지은 고구마도 몇 상자 갖다 줄 수 있습니다. 그렇게 재미있게 사는 겁니다. 매주 움직이는 교회요 현장을 찾아 흐르는 교회가 되는 것입니다. 그렇게 할 수 있습니다. 아이들은 그 가운데서 하나님 나라의 공평과 정의가 이뤄지는 모습을 볼 수 있습니다. 우리가 지역 공동체를 이루면, 어딜 가든지 뜻을 같이하는 분들과 연결되어 잠자리와 숙식을 제공받고, 또 그분들이 우리에게 오면 집을 개방해서 숙식을 제공합니다. 연대가 즐거운 삶이 되는 겁니다. 아무도 이런 상상력으로부터 우리를 막지 않습니다. 스스로 질문을 봉쇄하고 상상력을 봉쇄할 뿐입니다. 자본은 이렇게 얘기합니다. 사탄의 권세는 이렇게 말합니다. "네가 그렇게 살기로 결단했잖아." 스스로 묶어 놓고 있습니다. 여러분, 거짓된 사슬을 깨고 나오십시오.

30년 된 재개발아파트 지역으로 들어가 살기로 했을 때 월세 보증금이 부족했습니다. 그런데 몇 번 만난 한 형제분이 사정을 듣더니 아무것도 묻지 않고 쾌히 후원해 주었습니다. 가까운 이웃에 사는 한 분은 우리 이야기를 듣더니, 자기도 틈만 나면 무료공부방을 위해 공부도 가르쳐 주고, 간식도 만들어 주겠다고 했습니다. 믿음이 있는 것도 아닌데, 이들을 통해 함께 사는 이웃이 무엇인지, 공동체가 무엇인지를 오히려 배웁니다. 대형교회를 보며 상승하는 삶을 꿈꿀 때는 한국 교회가 절망스러워 보였지만 이곳에 살다 보니 이미 20~30년 이름도 없이 빛도 없이 가난한 이들을 현장에서 섬겨 오던 분들을 만났습니다. 대형교회만 바라보면 보이지 않았는데 희망은 우리 발아래 이미 자라고 있었습니다. 이분들이 어떻게 아셨는지 연락하고 찾아오십니다. 오시면 밥 한 끼 하고 차 한 잔을 나눕니다.

우리는 월 예산이 없습니다. 하루하루 예산으로만 삽니다. 쌀이 세 번 정도 떨어진 적은 있어도 그다음 날 누군가가 보내주셨고, 아직 굶지 않았고 망하지 않았습니다. 적지만 함께 가는 사람들이 있습니다. 이 책의 이야기들은 저희와 함께해 주신 분들의 물질적 후원과 기도, 연대가 없었다면 불가능했습니다. 하나님을 믿는 우리는 금전적인 것이 인생의 전부가 아니라는 사실을 알고 있으며, 가치 있는 것에 우리의 인생을 투자하고

싶고, 진짜 인생을 살고픈 소망이 있습니다. 우리에게 필요한 것은 누군가가 시작하는 물꼬를 트는 작은 불꽃입니다. 작은 불꽃이 온 세상을 태웁니다.

저희 가정은 작년부터 기독교 대안교육 2단계로 홈스쿨링을 시작했습니다. 홈스쿨링을 시작할 때 마지막 관문은 과연 우리가 이 아이들을 잘 가르칠 수 있을까 하는 의문이었습니다. 부모들의 잘못된 선택으로 실패한 교육의 결과를 아이들이 고스란히 짊어져야 하는 것은 아닌가? 하나님은 우리 부부에게 큰 깨달음을 주셨습니다. 근본적으로 교육이란 사람이 아니라 생명의 주인이신 하나님이 하신다는 것입니다. 사람이 많이 준비한다고 까불어도 기독교생명복음교육의 주인은 하나님이십니다. 하나님이 하십니다. 이 말씀으로 우리는 우리가 얼마나 어리석었는지 다시금 깨달았습니다. 변변찮은 재주로 하나님 소유인 아이들을 가르치려고 했던 어리석음을 회개했습니다. 그리고 열심히 정성을 다해 새로운 교육 내용들을 준비하지만 그 과정과 결과에 많이 자유해졌습니다. 기독교 교육은 어떤 지식이나 방법론이 아닙니다. 하나님이 생명을 기르시고 인생을 주관하시고 책임지시는 복음의 원리가 기독교 교육입니다. 하나님이 다 하시기에 호흡을 멈추는 한이 있더라도 우리 아이들을 위한 기도는 멈추지 않을 생각입니다.

《레미제라블》에서 장발장이 미리엘 주교의 호의를 배반하고 은촛대를 훔쳐 달아났을 때, 그는 가난하다는 이유만으로 차별하고 낙인을 찍는 사회에 대한 증오의 마음이 가득했습니다. 악하게 대하니 나도 악하게 갚겠다. 탈리오 원칙, 율법의 마그나 카르타입니다. 세상에서는 그게 가장 훌륭한 생존 전략이기도 했습니다. 그러나 그는 전혀 예측할 수 없었고 기대할 수 없었던 미리엘 주교의 선물에 무너집니다. "그건 형제에게 준 내 선물이오, 이것도 마저 가져가시오." 합리적으로 계산하고 가치를 환산하는 대가의 경제의 세상 셈법은 기대할 수 없는 순간에 근거 없이 대가 없이 거저 주어지는 '선물의 경제'에 무너집니다. 여기서 세상에 존재하지 않던 선물의 경제의 조그만 흐름이 시작됩니다. 악으로 들어가는 계기가 사소했던 것처럼 하나님이 부르시는 선한 선물의 경제의 삶도 이웃을 위한 작은 나눔에서 시작됩니다. 우리는 대가의 경제의 율법에 낙인찍힌 사면 없는 가석방 상태의 죄인으로 감옥 같은 세상을 사는 것이 아니라 열린 감옥 문을 열고 나가 세상에서 선물의 경제의 삶을 살라 부름 받은 자유로운 선물의 경제의 주체들, 하나님 나라의 주권자들입니다. 선물의 경제는 우리 삶에 조우하는 존재론적 차이를 만들어 내는 우발적인 기울기, 클리나멘(에피쿠로스가 사용한 용어로, 관성적 운동에서 벗어나려는 성분을 지칭)입니다.

노동이 세상을 구원할 것입니다. 이제까지 교회의 신학은 얼마나 덜 가질까 더 가질까 하는 부와 돈의 소유는 말하되 함께 가치를 만들어 내는 노동의 문제는 다루지 않았습니다. 공동체가 대등한 벗들의 주체적인 모임이 되기 위해서는 함께 노동하고 생산하는 자율적인 기반이 필수입니다. 땀 흘리는 하부구조는 말씀을 대등하게 나누는 상부구조를 결정합니다. 선물의 경제의 핵심은 지속가능한 자립적인 생산기반, 노동에 있습니다. 요즘 들어 경제관이나 소유에 관한 이야기들이 자주 등장해 반갑습니다. 그러나 이미 생산된 상품이나 가치의 분배나 교환 방식 이전에 노동생산관계가 다른 것들을 결정짓습니다. 공동소유가 쉽지는 않지만 불가능한 것은 아닙니다. 그러나 공동소유 자체보다는 지속가능한 선물의 경제가 더 핵심입니다. 초대교회는 역사적인 모델은 되지만 지속 가능성의 측면에서 불완전합니다. 선물의 경제가 지속 가능하려면 노동을 통해 가치를 생산하는 생산 기반이 있어야 합니다. 노동을 함께하는 자율적인 공동체로 가야 합니다. 아감벤은 생명정치의 관점에서 아우슈비츠의 '개돼지 인간homo sacer'의 모습을 '다가올 공동체la communita che viene'의 가능성으로 연결시킵니다. 그게 바로 마음이 가난한 자들의 선물의 경제

oikonomia doni 공동체입니다.

평화의마을교회는 죄 많은 이 세상에 더 이상 만족하지 않고 부정을 넘어선 긍정으로 제자도, 평화, 공동체의 하나님 나라 가치를 이 땅 가운데 실현된 종말로 사는 지역 공동체가 되고 싶습니다. 두세 사람이 모인 아주 작은 가정교회지만 일상을 복음대로 살아가는 성령에 취한 제자들의 교회, 하나님 나라 복음의 평화와 화해를 세상 가운데 전하는 교회, 자립적인 생산 기반을 갖는 하나님 나라 삼위일체 하나님의 주권자적인 공동체 형상을 회복한 선물의 경제 공동체, 기독교 대안교육공동체를 이루며 살고 싶습니다. 이 길로 불러 주신 하나님께 감사합니다. 하나님, 사랑합니다. 여러분들을 바로 이 하나님 나라의 불온한 예수혁명의 길로 초대합니다.

공동체를 꿈꾸는 분들이 일주일에 한 번 정도 모여 3년을 공부할 수 있는 목록을 만들어 보았습니다. 형편에 따라 몇 권을 더 넣거나 뺄 수 있을 것입니다. 누가 누구를 가르칠 수 있겠습니까. 하나님 앞에 단독자인 벗-동무들이 모여 함께 배우고 준비하는 것이지요. 예수 그리스도의 우물은 상상할 수 없을 만큼 깊고, 결코 마르지 않는 샘입니다. 공동체를 한다고 덜컥 준비도 없이 시작했다가 낭패를 보는 경우를 많이 보았습니다. 마음이 급하더라도 무리하지 말고 자연스럽게 모양을 만들어 가는 것이 좋습니다. 무엇보다도 함께 독서 모임을 갖고 서로의 생각들을 다듬어 가고 논쟁도 하면서 신뢰를 쌓아 가는 누룩 같은 발효 과정과 스킨십이 필요합니다. 공동체도 사람이 하는 것이고, 그 사람들의 상호 신뢰가 가장 기본입니다. 공동체의 형편에 따라 순서대로 읽어도 좋고, 네 분야별로 한 권씩 한 달 단위로 읽거나 한 분야에서 네 권 정도를 한 달간 쭉 읽은 후 다음 분야를 읽는 식으로 순환해도 좋습니다.

1순위

2순위

3순위

21. 기독교 윤리학의 토대와 흐름　　　　　IVP
22. 신약의 윤리적 비전　　　　　　　　　IVP
23. 타인의 얼굴　　　　　　　　　　　　문학과지성사
24. 유기적 공동체　　　　　　　　　　　SFC출판부

Ⅲ. 인문학 기초 및 한국 사회 인식

1. 김대중 자서전 1, 2　　　　　　　　　삼인출판사
2. 운명이다　　　　　　　　　　　　　　돌베개
3. 진보의 미래　　　　　　　　　　　　동녘
4. 조국, 대한민국에 고한다　　　　　　　21세기북스
5. 후불제 민주주의　　　　　　　　　　돌베개
6. 국가란 무엇인가　　　　　　　　　　돌베개
7. 누가 칼레의 시민이 될 것인가　　　　　위즈덤하우스
8. 미래의 진보　　　　　　　　　　　　민중의소리
9. 닥치고 정치　　　　　　　　　　　　푸른숲
10. 시민의 불복종　　　　　　　　　　　은행나무
11. 거대한 전환　　　　　　　　　　　　길
12. 위험한 경제학 1,2　　　　　　　　　더난출판사
13. 프리 라이더　　　　　　　　　　　　더팩트
14. 그들이 말하지 않는 23가지　　　　　　부키
15. 나쁜 사마리아인들　　　　　　　　　부키
16. 한국 기독교의 역사 1, 2, 3　　　　　기독교문사,
　　　　　　　　　　　　　　　　　　　한국기독교역사연구소

17. 뜻으로 본 한국역사　　　　　　　　　한길사
18. 허수아비춤　　　　　　　　　　　　문학의문학
19. 삼성을 생각한다　　　　　　　　　　사회평론
20. 핀란드 교육혁명　　　　　　　　　　살림터
21. 불편해도 괜찮아　　　　　　　　　　창비

IV. 자본주의 대안-선물의 경제 공동체

박삼종의 교회 생각

2013. 2. 22. 초판 1쇄 인쇄
2013. 2. 27. 초판 1쇄 발행
지은이 박삼종

펴낸이 정애주 **편집팀** 송승호 한미영 김기민 김준표 정한나
디자인팀 김진성 박세정 조주영 **제작팀** 윤태웅 유진실 임승철
마케팅팀 차길환 국효숙 박상신 오형탁 곽현우 송민영 **경영지원팀** 오민택 마명진 윤진숙

펴낸곳 주식회사 홍성사 **등록번호** 제1-499호 1977. 8. 1.
주소 (121-897) 서울시 마포구 합정동 369-43
전화 02) 333-5161 **팩스** 02) 333-5165
홈페이지 www.hsbooks.com **이메일** hsbooks@hsbooks.com
트위터 twitter.com/hongsungsa **페이스북** facebook.com/hongsungsa
양화진책방 02) 333-5163

ⓒ 박삼종, 2013
ISBN 978-89-365-0963-7 값 11,000원
※ 잘못된 책은 바꿔 드립니다.